KB056031

심영면 교장 선생님의 우리 아이 독서 Q&A

초등 독서 질문 사전 99

심영면 교장 선생님의 우리 아이 독서 Q&A

초등 독서 질문 사전

책을 좋아하는 아이로 키우기 위한 독서 지도 매뉴얼

심영면 지음

99

지학사

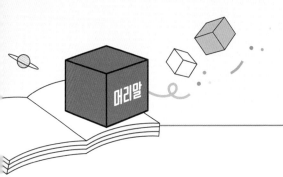

독서와 관련된
99가지 질문에 답해 드립니다

저는 학부모님을 대상으로 강연을 자주 합니다. 학부모 대상이라고는 하지만 주로 엄마들이 옵니다. 여러 이유가 있겠지만 엄마들이 아이를 키우는 것에 더 관심이 크고, 엄마들이 그런 역할을 더 많이 하기 때문입니다. 그래서 저는 '아이를 잘 키우지 못하면 엄마와 아빠가 함께 벌을 받아야 하고, 아이를 잘 키우면 엄마가 상을 받아야 한다'고 자주 말합니다. 그만큼 주 양육자인 엄마의 역할이 절대적이라 할 수 있습니다.

강연에서는 '책 읽기', '책 읽어 주기'에 대한 내용을 주로 이야기합니다. 그 밖에 아이를 키우면서 알아야 할 것들, 아이들의 학교생활과 관련된 것들도 다루곤 하지요. 참가한 학부모님들은 매우 진지하게 듣습니다. 몰랐던 내용이나 잘못 알고 있던 내용을 새롭게 알게 되면 기뻐하며 고개를 끄덕입니다. 또 이미 책을 잘 읽을 수 있는 시기를 놓쳤다는 사실을 알게 된 학부모님들은 후회하는 표정과 탄식을 내뱉곤 합니다. 조급한 표정이 얼굴에 드러납니다.

학부모님들은 질문을 많이 합니다. 학부모님들은 궁금한 게 정말 많습니다. 그만큼 아이들을 잘 키우고 싶은 마음이 큰 것입니다. 어쩌면 다급한 마음일 수도 있습니다. 아이들은 커 가고 있는데 뜻대로 잘 안 되고, 아이들에게 필요한 것을 해 주기 어렵다고 생각하기 때문입니다. 어떻게 해야 책을 잘 읽게 되는지, 어떻게 해야 학교생활, 학교 공부를 잘할 수 있는지 모르기 때문에 답답합니다. 이런 내용을 가르쳐 주는 데도 많지 않고, 상담할 곳도 마땅치 않습니다. 이렇게 막막한 학부모님들이 저 같은 사람에게 질문을 많이 하는 겁니다.

학부모님들의 질문을 받다 보니 알게 된 사실이 있습니다. 학부모님들의 질문에는 공통점이 있으며, 특별한 경우를 빼면 10개 미만의 내용에 집중되어 있다는 사실, 그리고 학부모님들의 질문 내용과 수준을 보면 아이들의 독서 발달 정도를 짐작할 수 있다는 사실입니다.

가장 많이 하는 질문이 '만화'에 관한 내용입니다. 거의 첫 번째 질문에 해당합니다. 그만큼 우리 아이들의 독서 실태와 현황이 매우 좋지 않다는 뜻도 됩니다. 아이들 주변에 넘쳐 나는 만화와 학습만화라는 형태의 또 다른 만화를 읽는 아이들이 너무 많고, 만화를 제외한 다른 책들은

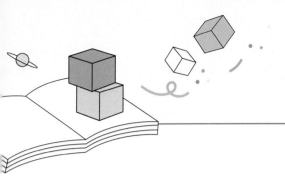

읽지 않는다는 의미입니다. 그 밖에도 '같은 책을 읽는다', '끝까지 읽지 않는다', '책을 읽고 나서 내용을 알지 못한다', '책을 바르게 앉아서 읽지 않는다', '책을 읽어 줘도 듣지 않는다', '언제까지 책을 읽어 줘야 하는 가' 같은 질문을 많이 받습니다. 이런 질문을 받으며 '엄마들이 정말 모르고 있구나, 엄마들이 조급하구나, 책을 읽게 하려는 노력은 덜하면서 잘 읽을 수 있을 것이라고 착각하는 엄마들이 많구나'라는 사실을 알게 되었습니다.

그동안 제가 받은 학부모님들의 질문을 모았습니다. 하지만 질문 중에는 학부모님들께 설명하기 위해 제가 만든 질문도 있습니다. 제가 하고 싶은 말을 질문 형태로 바꾼 겁니다. 이 책에는 99개의 질문과 답이 들어 있습니다.

아이를 낳아서 키우는 게 쉬운 일은 아닙니다. 매우 세심하게 온 마음을 쏟아야 가능한 일입니다. 아이를 낳아 기르는 결정은 어렵지 않게 할 수 있으나 아이를 잘 키우는 일, 더군다나 책을 좋아하는 아이로 키우는 것은 쉬운 일이 아닙니다. 아이가 어렸을 때부터 부모님들이 책을 읽어 주고, 아이의 반응을 살피며 책과 가까이할 수 있도록 이끌어 줘야만

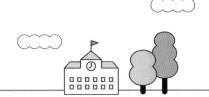

가능합니다. 그래서 '책은 좋은 거구나', '책은 재미있는 거구나'라는 느낌을 가질 수 있도록 이끌어 줘야 합니다. 책을 잘 읽는 아이로 커 가길 바란다면 반드시 그러셔야 합니다.

이 책이 그런 부모님들에게 도움이 되기를 바랍니다.

2023년 2월

'얘들아, 함께 읽자!' 심영면

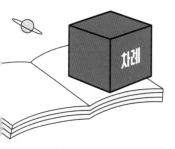

차례

1 책 읽어 주기, 왜 해야 하나요?

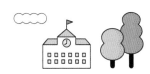

2 책, 왜 읽어야 하나요?

3 어떤 책을 읽어야 하나요?

4 책, 어떻게 읽어야 하나요?

5 책 읽기, 어떻게 지도해야 하나요?

책 읽어 주기,
왜 해야 하나요?

어떤 마음으로
책을 읽어 주어야
하나요?

A. 재미있는 이야기를 들려주고 싶은 마음만 있으면 됩니다.
   덤덤하게 읽어 주시면 됩니다.

　몇 년 전에 국립어린이청소년도서관 초청으로 전국 국공립도서관 사서 연수에서 강의를 한 적이 있습니다. 저를 초청한 관장님은 전국 도서관과 함께 '책 읽어 주세요'라는 활동을 진행하고 있었습니다. 관장님이 근무하는 도서관의 사서들이 '어떻게 책을 읽어 주어야 할지' 걱정이 많아서, '책 읽어 주기'에 대해 인식을 개선하고 공유하기 위해 연수를 마련했습니다. '아무리 그렇더라도 도서관 사서들이라면 그런 것쯤은 다 알고 있을 것 같은데, 내가 그분들에게 무슨 얘기를 하지?'라는 걱정을 하며 강의 준비를 했던 기억이 있습니다.
　사람들에게 '책을 읽어 주자'라고 하면 사람들은 걱정부터 합니다.

'도대체 어떻게 읽어 주어야 하느냐?'는 겁니다. 그럴 때마다 저는 '그냥 읽어 주면 된다. 덤덤하게 읽어 주면 된다'라고 말합니다. 하지만 많은 사람이 '실감 나게, 동작을 섞어 가며, 연기력을 발휘하여, 도구나 소품도 써 가며 읽어 줘야 하는 거 아닌가?' 하고 생각합니다.

그렇지 않습니다. 그냥 재미있는 이야기를 들려주고 싶은 마음으로 덤덤하게 읽어 주기만 하면 됩니다. 나머지는 아이들 몫입니다.

어떤 자세로
읽어 주어야
하나요?

A. 특별히 정해진 방법은 없습니다.
부모님들은 아이를 품에 안고 읽어 주는 것이 좋습니다.

가정에서 책을 읽어 줄 때는 대개 1 : 1로 읽어 주게 됩니다. 이때 가장 좋은 자세는 아이들이 편하고 안정감을 느낄 수 있는 자세입니다. 읽어 주는 사람이 아이를 품에 안고 읽어 주는 자세가 가장 좋은 자세라고 할 수 있습니다. 이 말은 품에 안고 읽어 주는 것이 좋다는 뜻이지 꼭 그래야만 한다는 것은 아닙니다.

아이가 원하는 자세가 있을 수 있습니다. 그때는 받아들여 주는 것이 좋습니다. 책을 읽어 주다가도 다른 것에 관심을 보이면 그 관심을 받아들여 주는 것이 좋습니다. 그랬다가 그 관심이 좀 사라졌을 때 다시 엄마가 안고 책을 읽어 주려고 시도하면 됩니다.

아이를 품에 안고 책을 읽어 주면 아이와 같은 시선으로 책을 볼 수 있고, 아이가 손으로 책을 만질 수도 있으며, 품에 있는 아이의 미세한 움직임을 느낄 수 있어서 좋습니다.

책을 읽어 주면
어떤 점이
좋은가요?

A. '책 읽어 주기'는 아이가 책을 좋아하게 만드는
가장 좋은 방법입니다.

책을 읽어 주는 행위에는 엄마(책을 읽어 주는 사람)의 사랑이 듬뿍 담겨 있습니다. 갓난아기가 엄마 품에 안겨 엄마의 책 읽어 주는 소리를 들으며 잠드는 모습이나, 아이들이 엄마 무릎에 앉아 엄마가 읽어 주는 책에 귀 기울이는 모습을 상상해 보면 누구나 알 수 있는 사실입니다. 엄마 무릎 위에서 '책 읽어 주기'를 경험한 아이는 엄마에게 사랑받고 있다는 느낌과 더불어 책 읽기를 즐겁고 행복한 일로 받아들입니다. 이러한 경험은 아이가 독서를 긍정적으로 인식하게 만들고, 좋아하게 만듭니다. 이런 것들은 정서 기억으로 저장되어 평생 아이의 삶과 함께합니다.

또한 책 읽어 주기는 처음 책을 접하는 아이들에게 어떻게 책을 읽는지 보여 주고 들려줌으로써 자연스럽게 책 읽는 방법을 알려 줍니다. 우리가 직접 눈으로 책을 읽을 때 일어나는 과정과 읽어 주는 책을 들을 때 일어나는 과정은 거의 유사합니다. 묵독의 경우 문자언어가 음성언어로 바뀌는 과정이 머릿속에서 일어나지만, 음독의 경우 이 과정이 입을 통해 공기 중에 소리로 전달되어 귀에 들어갑니다. 이처럼 책 읽어 주기는 문자언어가 음성언어로 바뀌는 과정을 엄마가 대신해 주기 때문에, 쉽고 편하게 책 읽는 즐거움에 빠져들 수 있게 합니다. 조금 다른 얘기지만 책 읽어 주기는 또래에 비해 독서 능력이 떨어지는 아이가 책에 흥미를 갖게 하는 데에도 큰 도움이 됩니다.

책 읽어 주기는 뇌를 활성화시킨다는 점에서도 매우 훌륭한 활동입니다. 사람의 뇌는 소리를 들을 때, 들려오는 소리의 실체를 파악하기 위해서 매우 복잡하게 반응하고 움직입니다. 소리는 보이지 않기 때문에 구체적인 모습으로 구현하려고 합니다. 이를 상상想像이라고 합니다. 상상은 인간의 뇌가 할 수 있는 가장 고급 활동입니다. 그래서 눈으로 보거나 읽을 때보다 더 집중하게 되고, 평소보다 뇌의 넓은 부분이 활성화되는 등 두뇌 활동에 좋은 자극과 영향을 미칩니다. 시각 정보에 비해 소리는 360°에서 들리는 입체 자극이라는 면에서도 두뇌 발달에 유리합니다.

이처럼 책 읽어 주기는 엄마의 사랑과 관심을 받으며 책에 대한 흥미를 느끼게 해 주고, 자연스럽게 책 읽는 법을 알게 해 주며, 두뇌 활동을 활성화시키는 아주 좋은 활동입니다.

읽어 주는 사람은
어떤 역할을
해야 하나요?

A. 책을 읽어 줄 때 주인공은 아이와 책입니다.
읽어 주는 사람은 보조자, 동반자 정도의 역할이어야 합니다.

책을 읽어 주는 사람의 역할은 자연스러운 목소리로 책을 읽어 주는 겁니다. 책에 있는 이야기를 자연스러운 목소리로 읽어 줌으로써 이야기의 재미와 즐거움을 느낄 수 있도록 하는 역할만 하면 충분합니다. 물론 책의 재미를 살릴 수 있는 정도의 약간의 노력은 필요할 수도 있지만 그것마저도 중요한 것은 아닙니다.

아이들에게 지속적으로 책을 읽어 주다 보면 책 읽어 주는 사람도 이것에 익숙해집니다. 그렇게 되면 이야기의 흐름에 따라 천천히 읽어 줄 수도 있고, 조금 빠르게 읽어 주는 변화를 줄 수도 있습니다. 조용한 이야기의 흐름이 이어지면 목소리도 작고 낮게 하는 것이 좋습니다. 긴박

하고 마음 졸이는 이야기의 흐름이 이어지면 그런 느낌을 전해 줄 수 있는 목소리로 읽어 주는 것도 도움이 됩니다. 그 정도면 됩니다. 이야기의 재미, 책의 재미를 전달해 줄 수 있을 정도면 된다는 뜻입니다.

책을 읽어 줄 때는 무엇보다 진정성이 중요합니다. 책을 좋아하게 하고, 책을 잘 읽을 수 있도록 이끌어 주고자 하는 마음이 중요합니다. 그 마음으로 요란하거나 특별하지 않게 덤덤하게 책을 읽어 주면 됩니다. 특히 지나치게 과장하거나 꾸미지 않는 것이 좋습니다. 그 마음이 전해져야 아이들 마음이 움직입니다. 그래야 아이들이 책 읽어 주기나 책을 좋아하게 됩니다.

책을 읽어 줄 때 가장 중요한 요소는 책과 아이들입니다. 책을 읽어 주는 사람은 보조자에 불과합니다. 책 읽어 주는 사람이 주인공이 아닌데 주인공처럼 역할이 커지거나 튀면 의미와 효과가 반감됩니다.

아이의 성장 발달 시기에 따라 책 읽어 주기는 어떻게 달라야 하나요?

A. 아이들의 성장 발달과 특성을 고려해야 합니다.

　부모들은 아이들을 키우면서 성장과 발달에 도움이 되는 방향과 방법을 결정하여 이끌어 줘야 하는데 이게 쉽지 않습니다. 아무리 어렵더라도 부모님의 생각과 의도는 반드시 있어야 하고, 아이들의 특성과 성향을 고려해야 합니다.

　아이들은 서로 다릅니다. 좋아하는 것도 다르고, 첫째와 둘째가 다르고 남자아이와 여자아이가 다릅니다. 이런 경우의 수를 조합해 보면 정말 많은 경우의 수가 나옵니다. 그러니 같은 아이가 하나도 없는 것이겠지요.

　아이들에게 읽어 줄 책을 고를 때 세심한 배려와 연구가 필요합니다.

사실 책 고르는 게 가장 중요합니다. 비슷한 연령대나 학년에 맞춰 추천하는 책은 있어도 이 책이 모든 아이에게 맞는 책이 아니거나 좋아하는 책이 아닐 수 있습니다.

가장 쉬운 방법은 믿을 만한 기관, 단체, 모임에서 추천하는 책 목록을 참고하여 아이에게 맞는 책을 골라 읽어 주는 겁니다. 이 책들이 절대적이라는 뜻은 아닙니다. 하지만 실패할 확률이 낮아집니다. 사실 딱 맞는 책을 고르기는 어렵습니다. 읽어 주는 책은 조금 쉽거나 어려워도 괜찮습니다. 그러니 웬만한 책을 골라 읽어 주면 됩니다.

부모는 아이들이 성장함에 따라 독서 수준도 함께 성장할 수 있도록 노력해야 합니다. 아이의 독서 수준을 끌어올려 주고 싶다면 지금 아이가 읽고 있는 책의 수준보다 약간 높은 책을 골라 의도적으로 읽어 주는 활동을 계속하는 게 좋습니다. 읽어 주고 나서 아이 주변에 책을 놔두는 겁니다. 그 자체가 아이들에게 책을 권하는 강력한 신호입니다. 엄마가 누누이 강조하는 그것을 아이들이 거부할 리 없습니다.

나이에 따라 읽어 줘야 하는 책이 다른가요?

Q. 06

A. 아이의 나이는 물론, 발달 수준,
  독서 능력에 따라 다릅니다.

아이에게 맞는 책을 선정하는 기준은 아이의 나이 또는 학년, 개별적인 발달 정도, 독서 능력에 따라 달라집니다.

일반적으로 유아나 미취학 아동에게는 그림이 많이 들어간 그림책이 좋습니다. 좋은 그림과 어휘, 문장이 들어 있는 책을 골라 천천히 읽어 주며, 아이들이 이야기를 즐기고 어휘와 문장을 배울 수 있도록 해야 합니다. 그림책은 그림과 글이 모두 중요한 의미를 갖는 책입니다. 글은 물론이거니와 그림에 쓰인 색, 모양, 인물의 표정, 전체 분위기 등도 중요한 의미를 갖고 있지요. 이야기를 중심으로 전개되기는 하지만 그림에 담긴 느낌도 매우 큰 의미를 갖는 책입니다. 이야기의 길이는 짧지만 매우 함축적이어서 아이들이 즐기기에도 적합합니다.

학교를 들어가기 직전 아이들은 물론, 초등학교 1, 2학년 학생들의 경우에도 그림책을 읽는 주는 것이 좋습니다. 3, 4학년에 올라가면 글이 많은 그림책, 길지 않은 이야기책을 읽어 주는 것이 좋고요. 특히 아이들은 전래동화나 주변에서 일어나는 일들을 다루고 있는 창작동화를 무척 재미있어합니다.

초등학교 중학년이나 고학년으로 올라가면 책 전체를 읽어 주기 어렵습니다. 그러므로 조금씩 끊어서 계속 읽어 주는 것도 아이들의 흥미를 끄는 데 도움이 됩니다. 긴 이야기를 적당한 분량으로 끊어 방영하는 드라마를 보는 것과 마찬가지라고 할 수 있습니다. 또 책 일부를 읽어 주고 난 후에 그 책을 아이들에게 선물하는 것도 좋은 방법입니다. 사과가 맛있고 건강에 좋다고 주저리주저리 설명하는 것보다 사과의 일부라도 먼저 얼마나 맛있는지 직접 맛보게 하는 겁니다. 그러다 보면 스스로 사과를 찾아 먹고 싶어지는 것처럼 책을 찾아서 읽을 겁니다.

덧붙여 말하자면, 요즘에는 성인을 위해 책을 읽어 주는 유튜브도 많이 늘고 있습니다. 특히 오디오북 시장은 매년 급성장을 거듭하고 있지요. 이런 현상은 책 읽어 주기가 중요하고, 나이와 상관없이 가치가 있다는 증거가 아닐까요?

영아기 아이들에게 책을 읽어 줄 때 고려할 점은?

A. 책을 잘 골라야 합니다. 책을 읽어 주는 속도와
   방법도 중요합니다.

영아기(0~3세)는 엄마에 의해 책을 처음 알게 되는 시기이므로 책에 대한 좋은 느낌과 기억을 남길 수 있도록 해야 합니다.

영아기 아이들이 만나는 책은 그림으로 표현하는 부분이 많고 글 비중이 낮은, 그림에 더 눈길이 가도록 만든 책들입니다. 아이 주변에서 볼 수 있는 사물, 인체, 동물, 생활 모습 등의 그림과 함께 단어(어휘)를 익혀 나갈 수 있도록 만들었습니다. 이야기 흐름보다는 생활 주변의 사물, 상황을 표현하는 소리나 모양을 나타내는 어휘가 담긴 그림책들이 대부분이지요. 그러므로 책을 읽어 준다기보다 그림에 해당하는 어휘에 대해 소리를 들려주는 방식이 됩니다.

영아기 아이들에게 책을 읽어 줄 때는 단어에 해당하는 소리를 문장으로 만들어 들려주면 됩니다. 몸에 관한 책을 읽어 주면서 '코가 요기 있네', '이건 입이지?', '요 뒤로 돌아가니까 귀가 있구나'라고 해 주는 방식입니다. 책을 매개로 이야기를 나누는 셈입니다. 그러면 아이는 그림과 글자를 연결시키며 뇌에 저장해 나갑니다. 이런 과정이 상당 시간 진행된 뒤에는 아이들이 흥미를 보이는 책을 골라 읽어 주면 됩니다. 아이들이 좋아하면 몇 번이고 반복해서 읽어 주는 게 좋습니다.

독서 지도와 관련한 여러 책에서는 이런 활동을 생후 6개월부터 권합니다. 하지만 그보다 훨씬 이전부터도 책 읽어 주기나 이야기 들려주기가 가능합니다. 태어나기 6주 전부터 책을 읽어 준 아이에게 태어난 뒤에 같은 책을 읽어 주었을 때 젖도 더 잘 빠는 등 활발하게 반응했다는 연구도 있습니다.

12개월 정도면 아이들이 말을 하고, 이야기에도 관심을 갖습니다. 24개월 무렵에는 책의 재미를 알게 되어 긴 이야기도 잘 듣습니다. 36개월이 되면 글자에 관심을 갖는 아이들이 생겨나고, 글자를 읽을 수 있는 아이들도 생겨납니다. 이 시기에는 뇌 활동이 어른보다 2~3배 빠릅니다. 그러니 발달도 매우 빠릅니다. 하루가 다르게 성장합니다. 꾸준히 책을 읽어 주었다면 이야기를 즐기는 힘이 상당한 수준에 오르게 됩니다.

정말 중요한 시기입니다. 정서 발달이 거의 완성되고, 인지 발달도 상당 부분 완성됩니다. 그래서 이 시기를 '결정적인 시기'critical period라고 합니다.

유아기 아이들에게 책을 읽어 줄 때 고려할 점은?

A. 아이들마다 흥미와 특성을 고려해야 합니다.

　유아기(4~6세) 아이들은 이전의 활동에 따라 책과 친숙한 정도가 다릅니다. 이 시기에도 가정에서, 유치원에서 더욱 적극적으로 책을 읽어 주는 것이 필요합니다. 이 시기에는 특정한 주제의 책들을 읽는 아이들이 생겨납니다. 자기들이 좋아하는 분야가 생겨나기 시작하는 것이지요. 이 시기 아이들은 남자아이가 반대의 성性인 어머니를 좋아하는 오이디푸스 콤플렉스Oedipus complex, 여자아이가 반대의 성인 아버지를 좋아하는 엘렉트라 콤플렉스Electra complex를 극복하고 남자아이들은 남자 어른으로 자라기 위한 준비를 하고, 여자아이들은 여자 어른으로 자라날 준비를 합니다. 그러니까 공룡, 로봇, 무기, 자동차, 공주, 왕자, 핑크, 드레스 등에 빠져 있을 시기입니다. 책을 읽어 주는 사람들은 아이들이 좋아하고 재미있어하는 책을 골라서 읽어 주면 됩니다.

유치원에 다닐 정도의 아이들은 서서히 글자에 관심을 갖습니다. 글자를 가르치려 하지 않아도 지금 듣고 있는 글자들이 어떤 소리를 내고 있는지 궁금해하며 기억하게 됩니다. 글자의 소리를 기억하는 것이 글자 읽기의 원천적인 힘이 됩니다. 이 시기에는 언어가 폭발적으로 늘기 때문에 긴 문장으로 되어 있는 다양한 그림책을 읽어 주는 것이 좋습니다. 그림책의 수준이 조금 높거나 낮아도 읽어 주는 데는 전혀 문제가 되지 않습니다. 아이들은 그 과정을 즐기고 책에 대한 좋은 기억을 남기게 됩니다.

이 시기에는 언어가 폭발적으로 늘어납니다. 늘어난 어휘를 말로 표현하는 능력도 매우 크게 발달합니다. 자기의 이야기를 끊임없이 말로 표현하는 '자기 보고'의 절정기입니다. 상상력이 발달하기 때문에 상상을 가미한 이런저런 얘기를 많이 하기도 합니다. 그런 책을 좋아하기도 합니다. 재미있는 이야기가 풍부히 들어 있는 책을 읽어 주는 것은 큰 도움이 됩니다. 아이가 다른 책을 원하지 않는 한 읽어 주는 책은 이야기책이 좋습니다. 이야기책을 꾸준히 읽어 주는 것은 매우 중요합니다.

초등학교 저학년, 중학년 아이들에게 책을 읽어 줄 때 어떤 점을 고려해야 하나요?

A. 평생 독자로 가는 마지막 기회입니다.
독서 수준을 올려 줄 수 있는 책을 읽어 주는 게 좋습니다.

초등학교 저학년, 중학년 시기는 '평생 독자가 되느냐 마느냐'의 갈림길입니다. 독서에 대한 흥미를 유지시키기 위해 어떤 노력을 하느냐에 따라 성공과 실패가 나뉩니다. 이 시기 아이들은 대부분 글자를 읽을 줄 압니다. 그렇더라도 책 읽어 주기를 멈추지 말아야 합니다. 이전 시기에 책 읽어 주기를 충분하게 하지 못했을 경우, 이 시기부터 2~3년 동안 꾸준히 하기만 해도 독서에 대한 흥미는 매우 높아질 수 있습니다. 책을 좋아하게 만들기만 한다면 '평생 독자'로 만들 수 있습니다. 하지만 엄마들은 학교에 들어가서 학년이 올라갈수록 공부에 대한 걱정을 앞세워 책 읽어 주기나 책 읽기를 소홀히 하는 경우가 많습니다. 우리나라 엄마들이 가장 많이 하는 실수이자 잘못입니다. 책을 잘 읽도록 이끌어 주는 것이 더 큰, 더 깊은 공부입니다. 적어도 초등학교 중학년 시기까지 꾸준하게 책을 읽어 주며 독서에 대한 관심을 유지하도록 하는 게 중요합니다.

이 시기에는 글이 많은 그림책이나 글로만 된 책을 읽어 줘도 좋습니다. 아이들이 책 읽어 주기에 흥미가 높거나 책을 좋아한다면 조금씩 수준을 높여 가는 의도적인 노력이 필요합니다. 책의 수준을 높이는 방법은 의외로 간단합니다. 약간 두껍고, 긴 이야기책들을 골라서 읽어 주는 겁니다. 그리고 그 책을 읽도록 아이들 곁에 놔두는 겁니다. 읽어 주고 곁에 놔두면, 그 책을 아이들이 읽을 가능성이 커집니다. 이 시기는 혼자서 책 읽기를 할 수 있도록 준비하는 시기도 됩니다. 글로만 된 책을 짧게라도 읽어 주려는 시도가 필요합니다.

1, 2학년 때는 글자 읽는 것이 서툰 아이들도 있습니다. 너무 걱정할 필요는 없지만, 우리나라의 경우 대부분의 아이들이 글자를 읽을 수 있는 상태로 학교에 입학하기 때문에 조금 서두를 필요는 있습니다. 글자 읽는 것이 서투르면 스스로 책을 읽을 수 있는 시기가 늦어질 수 있고, 자칫하면 모든 면에서 출발점이 달라질 수 있습니다.

초등학교 고학년 아이들에게 책을 읽어 줄 때 고려할 점은 무엇인가요?

A. 기다려 줄 시간이 없습니다.
  읽게 만들어야 합니다.

　초등학교 4학년부터 시작되는 고학년은 저학년, 중학년 시기와 발달 면에서 다릅니다. 어린이에서 학생으로 변하는 시기라고 할 수 있습니다. 교과 내용도 어려워지고, 공부해야 할 양도 많아집니다. 읽어야 할 책도 두꺼워지기 때문에 책과 영영 멀어질 수 있는 시기입니다.

　이 시기에는 그림책을 읽어 주는 것도 좋습니다. 약간 두껍고 수준 있는 그림책을 읽어 주는 것이지요. 또 웬만한 분량의 재미있는 글로 된 이야기책을 10~15분 정도씩 나눠서 읽어 주는 것도 아주 좋습니다. 아이들은 이런 활동에서 이야기를 이어서 계속 즐기는 경험을 하게 됩니다. 마치 드라마를 보는 것처럼 말입니다.

학교에서도 이런 방법으로 책을 읽어 줄 수 있습니다. 학교에서는 학급 구성원들이 서로 돌아가며 책을 읽어 주는 방법도 매우 좋습니다. 한 가지 특별한 방법이 있습니다. 동생들에게 그림책을 읽어 주는 겁니다. 집에서도 가능한 일이지만, 학교에서나 도서관에서 하면 아이들이 책을 좋아하는 데 큰 도움이 됩니다.

이 시기에는 독서 흥미를 높여 책 읽기를 좋아하게 만들어서 책을 잘 읽도록 이끌어 주는 원리를 적용하기에는 시간이 부족합니다. 따라서 책을 읽게 해서 좋아하게 만들어야 하지요. 책을 좋아하게 만들 수만 있다면 어떤 방식으로 이끌어 주든 관계없습니다. 할 수 있다면 모든 방법을 동원하여 이끌어 주어야 합니다. '한 도시 한 책 읽기', '우리 반 함께 책 읽기', '두꺼운 책 읽기 도전', '학교에서 온종일 책 읽기', '밤새워 책 읽기' 등 책을 읽게 만들려는 노력을 계속해야 한다는 겁니다.

그래서 저는 독서를 잘하게 만드는 노력을 '소리 없는 전쟁'이라고 말합니다. 아이들이 책을 좋아하게 만드는 일은 그만큼 힘들고 치열합니다.

책을 읽어 줄 때 주의해야 할 사항은 무엇인가요?

A. 다음과 같은 내용을 참고하면 됩니다.
절대적인 것은 아닙니다.

책을 읽어 줄 때는 다음과 같은 사항을 참고해서 읽어 주면 됩니다.

❶ 가벼운 인사, 읽은 책이라도 잘 들어 주면 좋겠다는 등의 간단한 사전
안내가 필요합니다.

❷ 여러분들이 책을 좋아하고, 잘 읽었으면 좋겠다는 마음을 표현해 줄 필
요도 있습니다.

❸ 제목과 표지 그림 살피기 등의 활동으로 읽어 줄 책에 대한 흥미를 이
끌어 내는 것이 필요합니다.

❹ 지은이, 그린이, 옮긴이를 살짝 소개하며, 이런 책을 써 보는 꿈을 가져

보면 좋겠다고 말합니다.

❺ 이상의 활동은 전체적으로는 시간이 길지 않도록 유의하여야 합니다. 예고편은 2~3분 이내가 좋습니다.

❻ 본문은 그냥 덤덤하게 읽어 주시면 됩니다.

❼ 약간의 고저장단, 완급 조절은 이야기의 흐름을 살리는 데 필요합니다.

❽ 인물의 느낌을 지나치게 살리려고 하지 않아도 됩니다. 어설픈 연기는 몰입을 방해합니다.

❾ 책을 읽어 준 다음에 '어때?', '재미있었어?', '책을 읽어 주게 되어 기뻐', '다음에 또 읽어 줄게' 등의 말로 마무리하면 됩니다.

❿ 읽어 주는 사람의 역할이 커지면 듣는 아이들의 역할이 줄어들 수 있습니다.

⓫ 의도를 대놓고 드러내면 아이들은 싫어할 수 있습니다.

⓬ 듣는 아이들의 수준을 고려하여 어느 정도의 설명(안내)도 필요합니다.

⓭ 읽어 줄 책을 고를 때 무조건 재미(흥미)있는 책을 고르는 것이 좋습니다.

⓮ 읽어 줄 대상, 상황을 명확하게 하면 책을 읽어 주거나 고르기가 좋습니다.

⓯ 책을 읽어 주고 나서 하는 지나치게 긴말은 오히려 독이 됩니다.

⓰ 책을 읽어 주고 나서 그 책을 아이들에게 주는 것은 책을 권하는 가장 좋은 방법입니다. 특히 고학년은 더욱 좋습니다. 책을 읽어 주고 나서 책을 돌려 읽을 수 있도록 하는 배려입니다.

책을 읽어 달라고
계속 보채는데
어떻게 해야 하나요?

Q. 12

A. 책을 읽어 달라고 하는 건 책을 좋아하는 마음이
생겼다는 것입니다.

아이들이 무언가를 계속해 달라고 하는 것은 욕구가 아주 강하다는 뜻입니다. 자고 싶다거나, 먹고 싶다거나, 놀고 싶다거나, 어디에 가고 싶다거나 하는 것처럼 말입니다. 기본적인 욕구를 충분히 채워 주는 것은 중요합니다.

책을 읽어 달라고 보채는 건 반가운 일입니다. 엄마의 사랑을 느끼고 싶은 동시에 책을 읽고 싶은 마음이 있다는 것이니까요. 책을 읽고 싶은데 스스로 읽을 수가 없으니 엄마에게 읽어 달라고 하는 것입니다. 엄마가 싫다거나 책이 싫다면 엄마에게 책을 읽어 달라고 하지 않습니다. 좋은 기회입니다. 조금만 견디면 혼자 읽으며 책을 즐기는 상태가 될 수 있습니다.

책을 읽어 주는 것이 쉬운 일은 아닙니다. 또 '계속 읽어 달라고 하면 어떻게 하나', '혼자 읽어야 하는 건 아닌가?' 하는 걱정도 앞섭니다. 시간과 체력이 허락하는 한, 아이에게 책을 읽어 주시는 것이 좋습니다.

혼자서
책을 읽을 수 있는데
자꾸 읽어 달라고 해요

**A. 그만큼 엄마와의 관계가 좋고, 엄마와 함께하는 것을
행복해한다는 뜻입니다.**

    책을 읽을 줄 아는데도 책을 읽어 달라고 하는 것은 어떤 심리 상태
일까요? 아마도 책 읽기가 싫거나 귀찮아서 그러는 것은 아닐 겁니다.
엄마가 책 읽어 주는 게 좋고, 함께 시간을 보내고 싶어서 그러는 거겠
죠. 책을 읽고 싶은 마음이 있다는 뜻이고, 이야기가 재미있다는 뜻도 됩
니다. 책과 이야기를 즐길 마음이 있다는 뜻입니다.

    따라서 아이가 책을 좋아하고 혼자서도 잘 읽는데 엄마한테 책을 읽
어 달라고 하면, 기분 좋게 읽어 주시는 게 좋습니다. 그만큼 엄마와의
관계가 좋고, 엄마가 자기에게 해 주는 것을 행복하게 받아들이고 있다
는 증거니까요. 우리가 어른이 되었음에도 불구하고 엄마가 해 주는 밥

이 언제 먹어도 맛있는 것처럼, 엄마가 책 읽어 주는 소리는 언제 들어도 기쁘고 즐거운 법입니다.

'언제까지 읽어 줘야 하나? 혼자서 읽는 것이 좋다는데….'

이런 생각은 접어 두고 세상에서 가장 기쁜 일을 하듯 읽어 주셔야 합니다. 아이들이 원하면 책을 읽을 줄 아는 아이에게도 망설이지 말고 책을 읽어 주세요.

책을 언제까지
읽어 주어야
하나요?

A. 젖을 떼는 것과 같습니다. 준비와 적당한 시기
선택이 필요합니다.

책을 언제까지 읽어 주어야 하는지 다른 사람이 정하거나 설명할 수는 없습니다. 아이가 혼자 읽을 수 있게 되고, 혼자 읽기를 즐겨 하며, 더 읽어 달라고 하지 않을 때까지 읽어 주면 됩니다. 이런 질문을 하는 사람들은 '책을 읽어 주는 것이 행복하거나 기쁘다'기보다 '이 힘든 짓을 언제까지 해야 하나?' 하는 걱정과 불안이 있는 사람일 수 있습니다. 물론 다 그런 것은 아니겠죠?

예전에 우리 어머니들이 아기가 먹는 젖을 뗄 때 두 가지 방법을 썼습니다. 엄마 젖에 소태나무의 쓰디쓴 진이나 빨간약을 발라서 아기가 빨리 젖을 끊게 만드는 방법, 밥물을 끓여 먹이거나 부드러운 음식(이유식)을 먹이면서 서서히 젖을 멀리하도록 하는 방법입니다.

두 가지 방식은 젖을 떼는 효과를 똑같이 거둘 수 있습니다. 하지만 갑자기 뚝 떼는 방식은 아이들에게 엄마의 젖을 그리워하는 심리적인 박탈감을 줄 수 있습니다. 반면에 천천히 떼는 방법은 아이에게 새로운 먹을거리에 적응할 수 있는 시간을 주기 때문에, 더 이상 젖이 먹고 싶은 생각이 들지 않게 만들죠. 이제는 다양하고 맛있는 음식을 먹을 수 있기 때문입니다.

책을 언제까지 읽어 주어야 하는지는 아이를 중심으로 결정됩니다. 아이가 원하지 않을 때까지, 더 이상 읽어 주지 않아도 될 때까지 읽어 주어야 합니다. 혼자 읽기와 읽어 주기가 반복되다가 혼자 읽는 것이 익숙해지고, 책을 읽는 속도도 빨라지면 책을 읽어 주는 것이 거추장스럽게 느껴질 수도 있습니다. 이미 책을 좋아하게 되었고, 잘 읽을 수 있게 되었는데 굳이 읽어 달라고 할 필요가 없어지는 것입니다.

하지만 유의할 점이 있습니다. 이런 아이라 하더라도 읽어 달라고 하면 읽어 줄 필요가 있습니다. 엄마가 읽어 주는 것이 좋아서 그러는 거거든요. 요리를 잘하는 사람이더라도 엄마의 손맛이 담긴 밥은 항상 맛있잖아요.

잠잘 때 책을 읽어 줬더니 잠잘 때만 읽어 달라고 해요. 독서 습관을 잘못 들인 걸까요?

A. 큰 문제 없어 보입니다. 아이가 원하는 것은 계속해 주는 것이 좋습니다.

잠잘 때 책을 읽어 달라는 아이의 나이가 중요합니다. 5세 전후라면 문제 될 게 없습니다. 자기 전이라도 꾸준히, 충분히 책을 읽어 주는 것은 매우 중요합니다. 하지만 낮에도 책을 읽어 주려는 시도와 노력이 필요해 보입니다.

잠잘 때만 책을 읽어 달라는 건 낮에는 그렇지 않다는 것입니다. 그러므로 밤에 책을 읽어 달라고 할 때까지 기다릴 게 아니라 낮에도 책을 읽어 주려는 노력이 필요합니다. 자기 전에 책을 읽어 주는 것은 매우 중요하지만 이에 그치지 않고 책을 좋아할 수 있도록 낮에도 읽어 주고, 틈만 나면 읽어 주려고 노력해야 한다는 겁니다.

독서 습관이 자리 잡을 때까지는 많은 시간이 필요합니다. 지금은 독서 습관이 자리 잡을 때까지 도와주며 이끌어 주는 시기입니다. 아직은 더 많이, 더 자주 읽어 주며, 책을 권하는 시기입니다.

한꺼번에
여러 권의 책을
읽어 줘도 괜찮은가요?

A. 그림책이라면 여러 권을 읽어 줘도 괜찮습니다.

아이들에게 그림책 5~7권은 많아 보이지 않습니다. 다만 읽어 주는 사람은 아주 많은 양입니다. 다 읽어 주려면 한 시간 이상 걸릴 수 있고 목도 많이 아픕니다. 끝없이 읽어 달라고 할 것 같은 두려움(?)도 생길 수 있습니다.

이런 현상을 보이는 때가 만 3세 전후입니다. 개인별 편차가 있지만 그 이전부터 책을 충분히 읽어 줬다면 3세 전후에 이런 현상이 일어납니다. 그리고 이때가 기억력이 가장 왕성한 시기입니다. 읽어 준 책을 모두 외우고 있을 정도입니다. 이때가 책 읽기에 대한 흥미가 가장 큰 시기라고 생각됩니다.

이런 현상을 보이는 시기는 어느 정도 지속됩니다. 책을 읽고 싶은데, 책을 즐기고 싶은데 스스로 읽을 수 없어서 읽어 달라고 하는 것입니다. 이때를 잘 넘기시면 스스로 책을 읽는 시기도 빨라지고, 책을 좋아하는 마음도 커집니다. 스스로 책을 읽을 수 있도록 이끌어 줄 수 있는 매우 좋은 기회입니다.

Q. 17

책 읽어 주는 어플리케이션 이용에 대해 어떻게 생각하시나요?

A. 저는 반대하는 입장입니다. 그러나 매우 제한적으로
   활용할 수는 있습니다.

"녹음기로 녹음해서 읽어 주어도 되나요?"

"책 읽어 주는 CD는 어떤가요?"

가끔 이런 질문을 받습니다. 책 읽어 주는 어플리케이션도 마찬가지

겠죠. 엄마가 바쁘니까 기계로 대신하면 어떠냐는 것입니다. 저는 단호

하게 대답합니다.

"그런 것들이 엄마를 대신할 수 있을까요?"

가능하지 않은 일입니다. 하지만 일정 부분 역할은 할 것으로 기대합

니다. 엄마의 역할을 이모나 옆집 아주머니가 일부 대신해 줄 수는 있습

니다. 그러나 전부를 대신할 수는 없습니다. 녹음기, CD, 책 읽어 주는

앱은 보조적이거나 어쩔 수 없어서 활용하는 것입니다. 그런 의미에서 제한적이나마 일부 활용이 가능하다고 하는 것입니다.

이 질문을 하는 분들도 책 읽어 주는 앱이 엄마의 책 읽어 주기를 대신할 수 없다는 사실을 잘 알고 있습니다. 알면서도 혹시나 하는 마음으로 묻는 것입니다. 어려운 일은 기계에 맡기고 싶은 마음이 어느 정도는 깔려 있을 겁니다. 독서에서 가장 중요한 것은 책을 읽어 내는 것이 아니라, 독서에 대한 흥미를 높여서 독서 습관을 들이는 것이라는 점을 다시 한번 강조하고 싶습니다.

독서 수준이 다른 아이들에게 책을 읽어 줄 때는 어떻게 해야 하나요?

**A. 독서 수준이 다른 아이가 형제자매라면 다른 책을,
같은 학년 아이들이라면 같은 책을 읽어 주는 게 좋습니다.**

이 질문은 두 가지 경우로 나눌 수 있습니다. 하나는 '독서 수준이 다른 두 아이, 특히 형제자매에게 책을 읽어 줄 때'이고, 다른 하나는 '독서 수준은 다르지만 학년이 같은 여러 아이에게 책을 읽어 줄 때'입니다. 형제자매 관계인 두 아이에게 책을 읽어 줄 때와 같은 학년의 여러 아이에게 책을 읽어 줄 때는 큰 차이가 있습니다.

먼저 한 학급(반) 아이들에게 책을 읽어 주는 경우를 살펴보겠습니다. 같은 학급 아이들이라도 얼마나 책을 많이 읽었는지에 따라 독서 수준은 각기 다릅니다. 하지만 독서 수준이 각기 다른 아이들을 대상으로 같은 책을 읽어 준다고 해도 아무 문제가 없습니다. 아이들은 각자 자신

의 수준에서 책을 즐길 수 있습니다. 독서 수준이 높은 아이들은 이야기를 깊고 풍부하게 즐기고, 독서 수준이 조금 낮은 아이들도 그 나름대로 이야기를 즐기죠. 책을 읽어 줄 때는 이런 게 문제가 되지 않습니다.

하지만 형제자매에게 책을 읽어 줄 때는 다릅니다. 형제자매는 수평적인 관계가 아닙니다. 어쩔 수 없는 경우라면 두 아이에게 동시에 책을 읽어 주어도 좋겠지만 따로 읽어 준다는 원칙을 세우시는 것이 좋습니다. 엄마들이 흔히 하는 잘못 중에 하나가 두 아이에게 동시에 책을 읽어 주시는 겁니다. 물론 이유는 있습니다. 시간도 없고, 목도 아픕니다. 두 아이가 동시에 읽어 달라고 하니 엄마들도 좋은 게 좋은 거라며 그렇게 하시기는 하지만 칭찬받을 결정은 아닙니다.

형제자매들은, 특히 어릴 때는 엄마를 독점하고 싶은 마음이 있습니다. 따라서 형제자매 중 어느 쪽에 수준을 맞춰도 한쪽에서 불만이 생길 수밖에 없습니다. 불만이 있는 상태로 듣는다면 독서 효과를 장담할 수 없습니다. 언니랑 옷을 함께 입는 것, 두 아이에게 밥을 한 그릇만 주는 것과 비슷한 느낌일 수도 있습니다. 여러 가지 사정이 있겠지만 시간을 달리해서 따로따로 읽어 주는 것이 좋습니다.

책 읽어 주기와 독서를
하는 데 있어서 잊지 말아야
할 것은 무엇인가요?

A. 어느 순간도 독서 흥미를 남겨 놓는 일을 잊으면 안 됩니다.
독서 흥미를 놓치면 아무것도 안 됩니다.

책을 읽어 주거나 독서 활동을 할 때, 책 읽기를 권할 때 꼭 기억해야
할 것이 있습니다. 독서 흥미를 유지할 수 있는 선에서 모든 활동이 일어
나야 한다는 사실입니다. 너무나 잘 알고 있는 사실입니다.

제가 강의 중에 질문하고 설명하는 것이 있습니다. "지금 읽고 있는
책이 중요할까요? 앞으로 읽을 책이 중요할까요?"라고 먼저 질문을 합
니다. 물론 수강생 대다수가 엉뚱한 질문에 그 의도를 모르겠다며 어리
둥절합니다.

어떤 부모님이나 선생님들은 책을 읽고 나면 그 책의 내용을 하나라
도 놓치지 않겠다는 마음으로 아이들이 읽은 내용을 알고 있는지, 느낌

은 무엇인지, 뭘 얻었는지, 교훈이 무엇인지 묻기도 하고, 쓰게 하고, 여러 가지 활동을 시키려고 합니다. 이런 활동은 좋은 활동입니다. 지나치지만 않는다면 말입니다. 하지만 이런 것들이 지나쳐서 문제가 생기는 경우도 많습니다.

질문에 대한 답을 하겠습니다. 지금 읽고 있는 책을 잘 읽게 하고, 알게 하며, 잘 받아들일 수 있도록 이끌어 주는 것은 매우 좋은 일이지만 이런 노력이나 관심이 지나쳐서 앞으로 책을 잘 읽지 않으려고 하거나 좋아하지 않게 되는 것을 경계해야 합니다.

사실 오늘 읽고 있는 책은 중요합니다. 오늘 읽고 있는 책을 즐길 수 있어야 합니다. 그래야 독서 흥미가 생기고 유지됩니다. 하지만 더 중요한 책은 앞으로 읽어야 할 책들입니다. 오늘 읽은 책은 그 자체로도 의미가 있으며, 앞으로 읽어야 할 책과 연결해 주는 연결고리 역할도 해야 합니다. 이 점을 잊지 말기 바랍니다. 가장 중요하게 기억하면 좋겠습니다.

책, 왜 읽어야
하나요?

책을 잘 읽는 아이는 어떤 아이인가요?

A. 책을 좋아하며, 책의 내용을 잘 파악하고 이해하는 아이입니다.

　책을 잘 읽는 아이는 책을 좋아하는 아이겠죠. 책을 좋아하는 아이는 책을 꾸준히 읽는 아이입니다. 책을 좋아해야 계속해서 읽을 수 있습니다. 누구나 한두 권 정도는 쉽게 들고 앉아 읽을 수 있지만, 꾸준히 읽는다는 것은 책을 좋아하지 않고서는 가능하지 않습니다. 억지로 하는 것은 그것이 무엇이든 한계가 있습니다. 책을 잘 읽는 아이는 누가 시키지 않아도 알아서 책을 찾아 읽는 아이입니다.

　그렇다고 그냥 읽기만 해서는 안 되겠죠? 그렇게 읽은 책의 내용을 잘 파악하고 이해할 수 있어야 합니다. 그래야 계속해서 읽을 수 있습니다. 이해하지 못하면 계속 읽을 수가 없습니다. 책을 보면 졸리다는 이유가 이것입니다. 이해하지 못하는 책을 읽어야 하는 것은 고통입니다.

이와는 반대로 책을 잘 읽는 아이는 오래 읽을 수 있습니다. 기쁘게, 즐겁게 읽을 수 있습니다. 양이 많고 긴 이야기책을 쭉쭉 잘 읽는 아이, 어려운 내용이 들어 있는 역사책을 잘 읽는 아이, 과학적인 사실이 많이 들어 있는 책을 잘 읽는 아이, 이런 아이들이 책을 잘 읽는 아이들입니다. 장르나 분야는 다르지만 저마다 좋아하고, 읽고 싶어 하는 책을 잘 읽는 아이들이라는 말입니다.

책을 많이 읽으면
어떤 점이
좋은가요?

A. 이해력이 좋아지고, 이해심이 많아집니다

책을 많이 읽으면 기본적으로 어휘력과 배경지식이 풍부해집니다. 이러한 어휘력과 배경지식은 이해력의 핵심입니다. 알고 있는 어휘나 배경지식이 많을수록 새로운 지식을 이해하고 받아들이기가 훨씬 수월해지기 때문입니다. 그래서 책을 많이 읽는 아이는 이해력이 좋습니다.

이해력이 좋은 아이는 당연히 공부도 잘합니다. 학교에서 배우는 교과서도 하나의 책이기 때문에, 교과서에 나오는 어휘와 문장의 의미, 배경지식을 잘 알고 있다면 그 내용을 아주 쉽게 이해할 수 있습니다. 이처럼 독서는 학습 능력과 관련이 있습니다.

또한 책을 많이 읽으면 지식에 대한 이해뿐만 아니라, 사람에 대한 이해도 깊어집니다. 이것을 흔히 '이해심'이라고 합니다. 책을 읽다 보면 이야기에 나오는 등장인물의 성격, 역할, 사고방식, 말투, 습관, 문제 해결 방식, 문제 해결 능력 등 다양한 인간의 특성을 간접 경험하게 됩니다. 그리고 이 과정에서 사람에 대해 고민하고 이해할 기회가 생깁니다.

특히 이야기책에는 매우 다양한 '사람들의 이야기'가 담겨 있습니다. 예를 들어 생텍쥐페리의 『어린 왕자』를 읽을 때 우리는 어린 왕자와 여우, 장미꽃을 비롯하여 허영심 많은 남자, 왕, 실업자, 주정뱅이, 가로등 켜는 사람, 지리학자 등 다양한 등장인물을 만나게 됩니다. 그리고 이들이 벌이는 행동과 사건을 통해 다양한 사람들의 사고방식과 행동을 이해하고 받아들이게 되지요. 이런 경험이 사람의 마음과 행동을 이해하는 힘이 됩니다. 이를 통해 사람들이 저마다 생각하고, 행동하고, 살아가는 방식과 모습을 알게 되는 겁니다.

그것이 이야기를 읽어야 하는 이유입니다. 물론 이러한 경험은 부모와 형제자매, 가족, 친지, 이웃 등과 직접적인 관계를 맺으며 쌓아 가는 것이 가장 좋습니다. 하지만 모든 사람이 다양하고 직접적인 인간관계를 맺을 수는 없습니다. 어쩔 수 없는 인간관계의 제약, 부모가 가진 결핍, 가정환경 등이 저마다 다르기 때문입니다. 이처럼 선택할 수 없는 상황에 의해 생기는 상처와 결핍은 이야기 속 온갖 다양한 유형의 사람을 만나면서 치유하고 회복될 수 있다는 것입니다.

책을 많이 읽는 아이와 책을 읽지 않는 아이는 어떻게 다른가요?

A. 학습 능력과 대인 관계 면에서 큰 차이가 납니다.

책을 읽지 않는 아이는 책을 좋아하고 좋아하지 않고를 떠나 책을 읽지 못하는 아이거나 책을 이해하지 못하는 아이일 가능성이 아주 높습니다. 책을 읽지 못한다는 것은 책 읽기에 필요한 능력, 좀 더 구체적으로 말하면 어휘나 문장을 파악하는 능력, 이들을 빠르게 조합하여 문장의 의미를 파악하는 능력, 글 속에 드러나 있는 뜻과 숨은 뜻을 이해하는 능력, 책에 담긴 정보를 이해하기 위한 배경지식 등이 모두 부족하다는 뜻입니다. 한마디로 이해력이 떨어진다고 할 수 있습니다. 이처럼 책을 읽지 않는 아이는 이해력 면에서 책을 많이 읽는 아이와 큰 격차를 보입니다.

집중력도 마찬가지입니다. 이해력이 떨어지면 집중력을 갖추기 어렵습니다. 무슨 말인지도 모르는 이야기에 신경을 곤두세우는 것처럼 피곤하고 괴로운 일도 없기 때문입니다. 그래서 책을 많이 읽는 아이와 책을 읽지 않는 아이는 이해력과 집중력이 요구되는 학습 능력 면에서 가장 큰 차이가 납니다.

그다음으로 차이가 나는 것은 대인 관계 능력입니다. 많은 책을 통해 사람과 관계에 대한 이해의 폭을 넓혀 온 아이와 달리, 책을 읽지 않는 아이는 갈등 상황을 어떻게 이해하고 대처해야 할지 잘 모릅니다. 그리고 이것은 고스란히 대인 관계 능력 부족으로 드러나게 됩니다.

세상에는 셀 수 없이 아주 많은 사람이 존재하고, 서로의 이해관계에 따라 무수히 많은 일이 벌어질 수 있다는 사실을 깨닫지 못하는 아이는, 이제까지 겪어 보지 못했거나 겪어 봤더라도 익숙하지 않은 문제 상황이 발생하면 어찌할 바를 모르게 됩니다. 그래서 결국 자기주장만 하게 되거나 화를 내며 또래와 다투는 상황이 벌어집니다. 자신의 잘못은 물론 다른 사람의 상황을 깨닫고 이해하는 능력이 부족하기 때문입니다.

학습 능력(이해력, 집중력)과 대인 관계 능력, 이 두 가지는 초등학교 시기까지 반드시 갖춰야 할 가장 중요한 능력입니다. 이 능력을 키울 수 있는 가장 좋은 방법이 바로 독서라는 점을 잊지 않았으면 합니다.

초등학생 시기에
책을 많이 읽어야 하는
이유는 무엇인가요?

A. 독서 습관과 독서 능력을 갖출 수 있는 가장
  좋은 시기이기 때문입니다.

초등학생은 중·고등학생에 비해 상대적으로 책을 읽을 수 있는 시간이나 심리적 여유가 많습니다. 우리나라 교육 현실의 특성상, 중·고등학교에 올라가서 많은 책을 읽기란 쉽지 않습니다. 물론 중·고등학교에 올라가서도 공부하는 틈틈이 책을 즐기는 학생들이 많습니다. 그러나 이런 학생들을 자세히 살펴보면 이미 초등학생 시기에 충분한 독서를 통해 바람직한 독서 습관과 독서 능력을 갖춰 놓은 경우가 대부분입니다. 책을 즐길 수 있고, 이해하고 받아들일 수 있는 능력이 이미 몸에 배어 있어서 시간 여유도 없고, 학습에 쫓기면서도 책을 읽을 수 있는 겁니다. 사실 독서 능력이 좋은 아이들은 시간 여유도 있고, 학습에 쫓기지도 않습니다. 그들은 빠르고 정확하게 효율적으로 학습하기 때문입니다.

초등학생 때 책을 많이 읽으면, 아주 쉽고 빠르게 독서의 양적·질적 팽창을 경험할 수 있습니다. 물론 초등학교에 입학하기 훨씬 전부터 책 읽어 주기와 함께 책 읽기가 시작되기도 합니다. 그렇게 되면 그 속도는 더욱 빨라지겠지요.

초등학교 저학년 때부터 꾸준한 책 읽기를 통해 독서 수준을 높여 온 아이는, 고학년이 되었을 때 읽을 수 있는 책의 종류나 양이 어른들이 상상할 수 있는 수준을 뛰어넘게 됩니다. 이런 아이들이라면 중·고등학생이 되어서도 자연스럽게 책을 즐기며 자신에게 필요한 책을 효율적으로 읽을 수 있습니다. 반면에 초등학생 시기에 충분히 책을 읽지 못한 아이는 독서 흥미나 독서 습관, 독서 능력을 갖추지 못했기 때문에 중·고등학교에 올라가면 교과 공부에 마음과 시간을 쏟느라 책 읽을 여유를 갖기 힘들어집니다. 설령 책을 읽고 싶은 마음이 있더라도 독서 능력이 뒷받침되어 있지 않기 때문에 책을 읽기 힘들다는 뜻입니다.

독서 습관과 독서 능력을 갖출 수 있는 가장 좋은 시기는 초등학생 시기입니다. 이 시기를 놓치면 평생의 독서 밑천을 쌓을 기회는 영영 놓치고 맙니다. 명심하십시오. 초등학교 시기는 우리에게 주어진 마지막 기회입니다. 특히 초등학교 저학년, 중학년은 독서 흥미를 높여 줄 수 있는 가장 좋은 시기입니다.

초등 독서에서
왜 3, 4학년 시기가
중요하다고 하죠?

Q. 24

A. 독서 능력의 양적·질적 변화가 이루어지는
매우 중요한 시기이기 때문입니다.

초등학교 3, 4학년 시기는 아이의 생활, 신체, 학습, 지능 면에서 매우 중요한 시기입니다. 이 시기는 아이들이 어린이에서 청소년으로 넘어가는 준비 단계로, 모든 면에서 다양한 질적·양적 변화가 일어납니다.

교과 구성도 1, 2학년 시기에는 학습 그 자체보다는 학교생활 안내, 학습에 대한 기본 능력, 학습 흥미, 생활 능력 및 습관 등을 기르기 위해 주제나 활동을 중심으로 구성된 통합교과로 되어 있습니다. 『국어』, 『수학』 외에 『봄』, 『여름』, 『가을』, 『겨울』 같은 과목들을 배웁니다.

그러다 2학년이 끝나고 3학년이 되면 교과의 수가 늘어나고, 교과 내용이나 학습의 수준도 깊어지고 많아집니다. 이런 변화가 아이들에게는 부담이 될 수 있습니다. 특히 4학년은 더욱 급격하게 변화합니다. 초등학교에서 학년 군을 나눌 때 저, 중, 고학년으로 나누기도 하지만 아이들의 성장에 따라 구분하면 1, 2, 3학년과 4, 5, 6학년으로 나누는 것이 더 적합해 보이는 면이 많습니다. 이는 마치 중학교와 고등학교로 나뉜 것과 비슷합니다. 그러니까 초등학교 3, 4학년은 넘어야 하는 큰 고개입니다.

독서도 마찬가지입니다. 저학년 때는 내용도 쉽고 분량도 적고 그림도 많은 책 위주로 읽었다면, 중학년 때부터는 등장인물도 많아지고 사건도 복잡해지고 분량도 많고 그림보다 글이 많은 책을 읽을 수 있어야 하기 때문입니다. 중학년 시기에 이런 책을 읽어 내지 못하면 당연히 고학년이 되어서도 그 시기에 읽어야 할 문학 작품이나 청소년 교양서 등을 읽을 수 없게 됩니다. 이처럼 초등학교 중학년 시기를 놓치면 독서의 양적 팽창이나 질적 발달을 이루지 못하고 저학년 수준에 머물게 됩니다. 이것이 바로 초등 독서에서 3, 4학년 시기가 중요한 이유입니다.

초등학교 3, 4학년은 고비가 될 수 있는 시기이지만 동시에 기회입니다. 이제까지 준비하고 노력한 것들의 결과가 나타나는 시기이며, 앞으로 올라가야 할 높고 험한 봉우리를 오르는 데 필요한 베이스캠프를 세우는 시기입니다. 책을 좋아하도록 조용히, 꾸준히 이끌어 주는 엄마들의 굳은 마음이 있으면 됩니다. 겁먹을 필요도 없고, 당황하실 필요도 없습니다.

책을
많이 읽으면
머리가 좋아지나요?

A. 독서는 두뇌 발달에 엄청난 영향을 미칩니다.

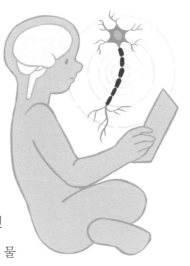

우리 뇌는 훈련을 통해 얼마든지 발달시킬 수 있습니다. 두뇌 발달을 위한 활동은 운동, 그림 그리기, 노래 부르기 등 다양한데 그중에서도 가장 좋은 것이 독서와 글쓰기입니다.

책을 많이 읽으면 뇌에서 구조적인 변화가 일어납니다. 우리의 뇌 속에는 미엘린myelin이라는 물질이 있는데, 신호를 증폭시켜 주는 역할을 합니다. 이 물질이 많고 두꺼울수록 뇌 신경의 정보 전달이 빠르고 정확해집니다. 복잡한 사고도 빠르게 해낼 수 있게 되지요.

　미엘린은 책 읽기와 같은 사고 과정을 반복할수록 많이 생성됩니다. 또한 독서를 계속하면 전두엽뿐 아니라 좌뇌와 우뇌의 넓은 부위가 활성화됩니다. 그리고 이렇게 성숙한 뇌는 빠른 시간에 많은 정보를 보다 정확하게 전달할 수 있는 뇌로 바뀌게 됩니다. 머리가 좋다는 것은 바로 이러한 상태를 말합니다. 책을 읽으면 머리가 좋아진다는 말은 정확히 맞는 말입니다.

독서와
자기 주도 학습은
어떤 관계가 있나요?

A. 독서는 자기 주도 학습에 필요한 목표 의식과 실행 의지, 집중력, 이해력을 키워 줍니다.

자기 주도 학습의 핵심은 자발성입니다. 이러한 자발성은 어느 날 갑자기 생겨나지 않습니다. 목표 의식과 그 일을 해낼 만한 능력이 갖춰졌을 때 비로소 생겨납니다. 혼자 공부하고 싶어도 이해력이 떨어지거나, 집중력과 인내심이 부족하면 자기 주도 학습은 불가능합니다.

독서를 통해 풍부한 이해력을 키운 아이는 정보 처리 능력이 뛰어나고, 기억력과 집중력이 좋기 때문에 혼자서 공부해도 충분히 좋은 성적을 얻을 수 있습니다. 그리고 이러한 경험을 통해 강한 자아 존중감을 갖게 된 아이들은 새로운 일에 도전하려는 의지, 즉 '실행 의지'가 강한 아이로 자라납니다. 독서는 이처럼 자기 주도 학습의 밑바탕이 되는 목표 의식과 실행 의지, 집중력, 이해력을 키우는 데 가장 좋은 활동이라고 할 수 있습니다.

책 읽는 아이로
키우려면
어떻게 해야 하나요?

A. 먼저 책을 좋아하게 만들어야 합니다.

무언가를 잘하게 하려면 먼저 좋아하게 만들어야 합니다. 좋아하지 않으면 계속할 수 없습니다. 독서도 마찬가지죠. 책을 좋아해야 계속해서 잘 읽을 수 있다는 사실을 꼭 기억하기 바랍니다.

책을 좋아하게 하려면 아이가 흥미를 보이는 책, 좋아하고 쉽게 읽을 수 있는 책부터 읽도록 해 주세요. 아이가 흥미나 관심을 보이는 주제의 책을 여러 권 읽어 주고, 그와 관련된 활동을 꾸준히 해 주는 것이 중요합니다. 독서 흥미를 높여야 책을 많이 읽게 되기 때문입니다. 책 읽기가 재미있어지면 나중에는 스스로 책을 찾아 읽게 되지요. 독서 태도가 좋아지는 것입니다. 그리고 독서 태도가 좋아지면 독서 능력까지 좋아집니다. 독서 능력이 좋아지면 당연히 독서 흥미는 더욱더 커지게 되죠. 이렇듯 선순환 과정을 만드는 것이 중요합니다. 좋아하는 것, 계속하는 것, 잘하게 되는 것, 더 좋아하게 되는 것과 같은 사이클을 말입니다.

　너무나 단순해 보이지만, 책 읽는 아이로 키우기 위해서는 무엇보다 먼저 책을 좋아하게 만들어야 합니다.

책 읽는 집안 분위기로
만들 수 있는
좋은 방법이 없을까요?

A. 가족들이 가장 많이 모이는 거실을
서재로 바꿔 보세요.

많은 독서 전문가가 이 방법을 권합니다. 어느 집에 가든지 가족들이 한자리에 모이는 거실에 텔레비전이나 컴퓨터가 놓여 있죠. 그러니 습관적으로 텔레비전을 켜 놓는 경우가 많습니다. 이런 환경에서 아이들에게 책을 읽으라고 말하는 건 억지입니다.

예전에 조선일보에서 시행했던 '거실을 서재로' 캠페인이 좋은 예입니다. 거실에서 텔레비전과 컴퓨터를 치우고 그 자리를 책으로 채우자는 겁니다. 그리고 거실 중앙에 책을 읽을 만한 탁자나 테이블을 갖다 놓고 온 가족이 책을 읽으면, 아이들은 쉽게 책 읽는 분위기에 빠집니다.

저희 가족도 자연스럽게 책과 가까워지는 걸 경험한 적이 있습니다.

텔레비전을 덮개로 가리고, 책장도 거실로 옮겨 책을 모아 두었습니다. 또 테이블과 의자를 사서 거실에 두었습니다. 그렇게 꾸민 후에 그곳에서 밥도 먹고, 간식도 먹고, 책도 읽었습니다. 책장이 있는 거실이 우리 가족의 중심이 된 것입니다.

집 안을 책 읽는 분위기로 만들고 싶다면 이렇게 책을 가까이할 수 있는 환경을 만들어야 합니다. 환경을 조성했다면 아이들이 좋아할 만한 책들을 마련하는 일만 남았습니다. 집과 학교 교실에 아이들 책이 충분해야 합니다. 손을 뻗으면 닿을 만한 거리에 책이 있어야 합니다.

이야기는
왜 힘이 세다고
하나요?

A. 이야기는 스며드는 힘이 있습니다. 스며드는 이야기는
   저항, 경계, 거부가 일어나지 않습니다.

  '이야기는 힘이 세다'는 말을 들어 보신 적이 있나요? 아마 있으실 겁
니다. 이유가 뭘까요?

  가장 큰 이유는 이야기를 읽을 때 그 속에 들어 있는 가치관, 철학,
사고방식, 의사 결정 방식, 주장 등이 자연스럽게 읽는 사람에게 전달되
기 때문입니다. 전달된 내용을 모두 받아들이거나 동의하지는 않더라도
그 같은 내용에 대해 심리적으로 거부, 저항, 경계가 일어나지는 않는다
는 것입니다. 마치 아이들이 먹는, 약의 쓴맛을 느낄 수 없도록 하려고
만든 당의정^{糖衣錠}과 같습니다. 쓰지 않게 먹지만 그 안에 들어 있는 약 성
분은 아이들에게 좋은 효과를 나타내죠.

두 번째 이유는 뇌 구조에 있답니다. 인간의 뇌에 거울뉴런^{Mirror Neuron}이 있는데, 이 거울뉴런은 다른 사람의 행동을 보거나 그 과정을 듣기만 해도, 자신이 실제 그 행동을 하는 것처럼 활성화되는 뉴런(신경세포)입니다. 이 뉴런은 공감의 뉴런입니다. 다른 사람의 행동을 보고, 그 행동을 하고 싶어 하거나, 닮고 싶어 하는 데 관여합니다. 남들이 웃으면 웃고 싶어지고, 다른 사람들이 먹으면 먹고 싶어집니다. 이야기를 들을 때도 작동하고, 이야기를 읽을 때도 작동합니다.

세 번째 이유는 이야기는 재미있기 때문입니다. 재미있는 이야기에 뇌는 푹 빠져듭니다. 푹 빠져서 읽는 이야기는 우리 뇌에 강렬한 영향을 줍니다.

이야기는 힘이 셉니다. 이야기는 거부, 저항, 경계 없이 읽는 사람에게 스며듭니다. 이야기는 재미있는 데다 자신이 직접 행동(경험)한 것과 똑같은 효과와 영향을 줍니다. 그러니 이야기는 힘이 아주 셉니다. 그래서 사람들은 다른 사람들을 설득하고자 할 때 이야기 방식을 많이 활용합니다.

오랫동안 전해 내려오는 많은 책은 이야기 형식으로 돼 있습니다. 거의 모든 종교 경전이 그렇고, 역사책이 그렇고, 신화가 그렇습니다. 아이들은 이야기를 읽으며 삶을 키워 나갑니다.

Q. 30

아이들의 언어 능력은 어떤 과정을 거쳐 발달하나요?

A. 아이들의 언어 능력은 듣기로 시작합니다.
   읽기를 반복하며 언어 능력이 발달합니다.

'소리를 내는 가장 작은 단위'를 '음절'이라고 합니다. 이런 음절들이 모여 만든 '단어'는 '의미를 가진 가장 작은 단위'입니다. 이 '단어'는 '소리와 이미지'로 구성되어 있습니다. '단어'라는 말은 '어휘'라는 말과 함께 쓰이며, 언어 능력도 이 단어(어휘)의 양과 질이 결정합니다.

예를 들면 '사과'라는 단어는 '사'라는 음절과 '과'라는 음절이 모여 만들어진 것이고, 아이들은 실물이나 그림을 통해 알고 있는 '이미지'까지 합해 '사과'를 알게 되고, 기억하게 됩니다. 여기에 사과를 딴 기억, 사과를 먹은 기억, 사과의 맛과 관련된 기억 등이 합쳐지면 '이야기(스토리)'가 생겨납니다. 이런 기억이 늘어나면서 알고 있는 '단어'가 많아지

78   초등 독서 질문 사전 99

고, '이야기(스토리)'까지 입혀져 더 강렬한 기억으로 저장됩니다. 이런 단어와 스토리는 다음에 책을 읽을 때 쓰입니다. 이런 과정을 되풀이하면서 총체적인 '언어 능력'이 발달하게 됩니다.

좀 더 쉽게 설명하겠습니다. 어릴 때 질 좋은 다양한 소리를 듣는 기회가 많아져야 합니다. 엄마, 아빠와의 대화가 중요합니다. 대화 속에 담긴 다양한 소리와 단어들을 계속 듣는 과정을 통해 소리와 이미지가 저장되기 때문입니다. 대화보다 더 좋은 방법은 '책 읽어 주기'입니다. 이를 통해 대화보다 더 다양하고 정제된, 그리고 짜임새 있는 소리를 듣게 됩니다. 그리고 책이라는 구체적인 물체 속에 재미있는 이야기와 단어들이 들어 있다는 사실을 알게 되지요. 나중에는 책을 읽어 주는 사람이 없어도 그 책을 골라 스스로 읽게 되면서 이야기를 즐길 수 있다는 것까지 알게 됩니다.

이제 다음 차례는 '읽기'입니다. 소리 듣기인 대화와 책 읽어 주기로 '언어 능력 발달'의 기초를 다졌다면 이를 확장시키는 것은 '읽기'입니다. "읽기는 언어 발달의 최선이 아니다. 그것은 유일한 방법이다." 이 말은 언어학자 스티븐 크라센이 『크라센의 읽기 혁명』The Power of Reading에서 쓴 표현입니다. 우리가 알고 있는 대부분의 언어는 읽기 활동을 통해서 확장된 것입니다. 읽지 않으면 언어는 발달되지 않습니다. 언어 발달이 되지 않은 아이가 세상에서 잘 살아 나갈 수 있을까요? 그래서 책을 읽자고 하는 것입니다.

이야기 속에
자주 등장하는 동물들은
어떤 상징과 의미가 있나요?

A. 이야기에 등장하는 캐릭터들을 통해서
   아이들은 삶을 배웁니다.

이야기에 등장하는 많은 캐릭터는 아이들에게 특별한 의미가 있습니다. 그들은 사람들처럼 말하고 행동하는데, 오히려 사람들보다 더 나은 행동을 하기도 합니다. 아이들은 그들을 사람과 다름없이 받아들이며 세상의 모든 존재를 존중하며 사는 법을 배웁니다.

동서고금을 막론하고 이야기에 자주 등장하는 개구리, 두꺼비를 예를 들어 설명하겠습니다. 고대 이집트, 로마, 아메리카 원주민, 그리고 우리 동양에서도 개구리는 행운, 다산, 풍요, 열정, 신비로움, 변화, 성장을 나타내는 동물입니다. 개구리는 전 세계적으로 이야기에 자주 등장합니다. 사람은 변화가 불가피하고, 변화는 발전에 필수적이며, 환경에

적응하는 방법을 배워야 한다는 사실을 개구리에게서 배웁니다.

두꺼비는 조금 다릅니다. 나쁘거나 악한 것은 아니지만 종종 마법에 대한 이야기와 미신에서 등장합니다. 서양에서는 아름다운 왕자가 못생긴 두꺼비로 변하는 등 연금술, 마법 및 요술과 같은 생물과 관련이 있습니다. 남아메리카 신화에서도 두꺼비 신은 태양을 삼킨 존재로 나옵니다. 중국 신화에는 달을 삼킨, 다리가 세 개인 두꺼비에 관한 이야기가 있습니다.

대부분의 이야기에 개구리나 두꺼비는 겉모습은 추하지만 원래 모습은 고귀하고 평화로우며 선하게 등장합니다. 마법과 저주로 그렇게 되었다가 선한 사람(공주, 왕자 등)의 사랑에 의해 다시 본모습으로 돌아오기도 합니다. 사랑을 하려면 겉모습보다는 속모습을 보라는 의미도 담겨 있습니다.

개구리, 두꺼비처럼 이야기 속에는 상징적인 존재들이 많습니다. 늑대는 사나운 동물이지만 어수룩한 데가 있는 친근한 동물이고, 여우는 욕심 많고 교활한 동물이지만 자기 꾀에 넘어가는, 부족함이 있는 동물이며, 도깨비나 괴물은 무섭지만 사납지 않은 존재로 나옵니다. 이야기에 나오는 모든 존재, 특히 동물들은 아이들의 친구이며 동반자입니다. 그 존재들이 갖는 상징성에 의해 좋은 영향을 받으며 성장합니다.

어떤 책을

읽어야 하나요?

어떤 책을
먼저
읽어야 하나요?

A. 아이들이 좋아하는 책부터 읽는 것이 좋습니다.

    나름대로 기준을 세워 말한다면, 원칙은 단 하나입니다. 아이가 흥미를 갖는 책, 아이가 흥미를 보이는 책부터 먼저 읽어야 한다는 것이지요.

    많은 부모님이 아이에게 책을 골라 줄 때 자신이 읽히고 싶은 책을 골라 줍니다. 하지만 부모님들이 읽히고 싶은 책과 아이들이 읽고 싶은 책, 아이들이 읽을 수 있는 책은 다르다는 것을 알아야 합니다. 좋아하지도 않는 책을 억지로 읽을 때 아이들의 독서 흥미는 급격히 떨어집니다.

    조금 더 구체적인 답을 드린다면, 아이들이 좋아하는 책을 읽히되 이야기책을 먼저 읽히기를 권합니다. 우리가 평생 읽어야 할 책은 이야기책입니다. 드라마, 연극, 영화, 뮤지컬, 오페라 등 다양한 예술작품도 이야기로 되어 있습니다. 성서나 불경도 마찬가지입니다. 쉽게 읽히고 재미도 있지만, 모든 문화 예술 콘텐츠의 바탕이 되며, 사람이 생각하고 살아가는 모든 것이 담긴 이야기책을 읽게 하여야 합니다. 하지만 이마저도 일반적인 원칙입니다. 아이들이 좋아하면, 읽고자 한다면 그 어떤 것도 좋습니다.

전래동화도 아이들이 읽으면서 많은 것을 얻을 수 있는 훌륭한 읽을거리입니다. 이야기의 구조나 특성을 가지고 있으면서도 각 지역, 나라, 인종, 민족이 간직해 온 가치, 오랜 시간에 걸쳐 전해 내려온 생각이나 사상, 관습 등을 담고 있습니다. 전래동화 속에 담긴 우리 조상들의 삶을 살펴보면서 아이들은 사람들이 어떻게 살아왔고, 어떻게 살아가고 있는지 자연스럽게 배울 수 있습니다.

아이들이 읽는 이야기도 그렇지만 전래동화는 등장인물이 적고, 이야기 구조가 단순하며, 줄거리가 재미있어서 아이들이 매우 좋아합니다. 권선징악 구조를 따르기 때문에 좋은 일을 하면 복을 받는 것, 나쁜 일을 하면 벌을 받는 것, 어렸을 때 부모가 없거나 가난하여 고생을 해도 정직하고 성실하게 살면 행복한 삶을 살 수 있다는 것, 동물이나 나무도 마음을 나눌 수 있고 도움을 주고받으며 살 수 있다는 것을 배울 수 있습니다. 그림책, 이야기책, 국내 창작동화, 외국의 명작동화, 전래동화가 모두 이야기책입니다. 이야기책으로 시작해서 이야기책으로 발전시켜 나가는 것이 좋습니다.

아이에게 책을 권할 때 어떤 기준으로 골라야 하나요?

A. 아이의 관심 분야를 넓혀 주는 책이나, 아이의 독서 수준을 높여 주는 책을 골라야 합니다.

책을 권할 때 어떠한 마음가짐을 가져야 하는지 생각해 봐야 합니다. 가장 중요한 것은 '책 읽는 것을 지속시켜 주려는 마음'입니다. 어떠한 경우라도 책을 선정하는 첫 번째 기준은 '아이'라는 사실을 잊지 말아야 합니다. '옆집 아이가 읽으니까, 사람들이 좋다고 하니까, 학습에 도움이 될 것 같으니까, 이 정도는 읽어야 하니까?' 등의 이유로 책을 정해서는 곤란합니다. 책을 고를 때는 가장 먼저 '아이'에게 초점을 맞추고, 다음의 두 가지 질문을 던져 보면 됩니다.

첫 번째 질문은 '아이의 관심 분야를 더욱 깊고 넓게 해 주는 책인가?'입니다. 이 질문에 답하기 위해서는 먼저 아이가 어떤 책을 좋아하는지 알아야 합니다. 이야기책을 좋아할 수도 있고, 정보 전달 중심 책을 좋아할 수도 있습니다. 곤충에 관한 책을 좋아한다면 다양한 생태 도감이나 곤충 그림책을 권하고, 고구려 역사에 관심이 많다면 삼국시대를 다룬 역사책이나 그 당시 활동했던 사람들의 내용을 쓴 책을 권하면 됩니다.

두 번째 질문은 '아이의 독서 수준을 높여 주는 책인가?'입니다. 현재 수준보다 약간 높은 책을 권해 주셔야 합니다. 이때도 너무 무리하면 안됩니다. 무리해서 어려운 책을 안겨 주면 탈이 날 수 있습니다. 자연스럽게 수준이 높은 책으로 넘어가도록 기다려 줘야 합니다. 특히 아이가 전혀 관심이나 흥미를 보이지 않았던 새로운 분야의 책을 권할 경우에는 더욱 인내심이 필요합니다. 책을 사다 놓고 아이에게 그 책을 사 왔다고 알려 주는 정도에서 그쳐야 합니다. 그리고 가끔 그 책에도 관심을 가지는지 확인하기만 하면 됩니다. '엄마가 지난번에 사 준 책도 혹시 읽어 봤니?' 하는 정도로 물어보면서 기다려 주는 지혜가 필요하지요. 이 과정을 생략하고 다그치듯이, 억지로 읽히려고 하면 역효과만 일어납니다.

아이들이 좋아하는 책을 읽게 하는 것은 아이의 세계를 인정해 주는 것과 같습니다. 그러므로 아이가 흥미를 보이는 분야의 책을 더 깊고 폭넓게 읽을 수 있도록 하고, 자연스럽게 다른 분야의 책이나, 더 높은 수준의 책으로 눈을 돌리게 하는 것이 좋습니다. 독서는 시간이 많이 필요한 일이고, 참고 기다려야 하는 일입니다.

아이와 함께 서점에 가서 책을 고르는 것은 어떤 점이 좋을까요?

Q. 34

A. 여러 가지 면에서 아이에게 매우 좋은 경험입니다.

엄마, 아빠와 함께 서점에 가서 읽을 책을 직접 고르는 것은 아이에게 매우 좋은 경험입니다. 그냥 좋은 일입니다. 아이에게 책 읽기를 권하는 의미에서도 좋고, 자신이 스스로 고른 책에 대해 더 큰 애착을 가질 수 있어서 더 좋습니다. 또한 엄마 아빠가 책 읽기를 중요하게 생각하고, 책을 잘 읽을 수 있도록 도와준다는 것을 느낄 수 있게 해 주어서 좋습니다.

서점에 갈 때는 정기적으로 가는 것이 가장 좋고, 어쩌다 가더라도 나쁘지 않습니다. 서점이라는 존재를 알려 주는 면에서도, 서점에 가서 책을 고르는 경험을 해 주는 것도 좋은 일입니다. 요즘에는 서점이 복합 문화 공간으로 탈바꿈하고 있으므로 저자 강연 등 프로그램을 찾아 함께하는 것도 아이에게 특별한 경험을 줄 수 있습니다. 서점과 비슷한 대상으로는 도서관도 빼놓을 수 없습니다. 특히 독서 관련 프로그램이나 전시회 등 다양한 행사들을 함께한다면 아이의 독서 흥미를 키워 주는 데 큰 도움이 될 것입니다.

서점과 도서관에 가면 재미있는 일이 일어난다는 것을 아이가 느끼게 해 주는 것이 무엇보다 중요합니다. 간혹 이런 독서 흥미를 높여 주는 경험의 소중한 의미를 무시한 채 엄마가 책을 구해다 주거나, 빌려다 주거나, 사다 주는 것에 치중하는 부모님들이 있습니다. 이런 행동은 아이의 선택권을 존중해 주지 않는 것일 수도 있습니다.

아이들에게
좋은 책과 나쁜 책이
있나요?

**A. 아이들의 마음을 다치게 하거나 불안하게
만드는 책은 피해야 합니다.**

세상에는 좋은 책이 너무나 많습니다. 쌀을 예로 설명해 볼까요? 이천 쌀, 철원 쌀, 서산 쌀, 김제 쌀, 나주 쌀, 포천 쌀 등 헤아릴 수 없이 많습니다. 웬만한 조건을 갖추면 좋은 쌀이라고 할 수 있습니다. 또 이름난 쌀이라고 해서 완벽한 품질을 가지고 있는 것은 아닙니다. 이름나지 않은 곳에서도 얼마든지 좋은 쌀이 생산될 수 있지요.

책도 마찬가지입니다. 이름난 출판사에서 펴내는 책들도 좋지만, 이름나지 않은 출판사에서 펴내는 책 중에도 얼마든지 좋은 책이 있습니다. 어느 정도의 요건을 갖추면 좋은 책이라고 할 수 있습니다. 엄마들이 심각하게 고민하지 않아도 아이들이 읽어야 할 좋은 책은 얼마든지 있

습니다. 저는 학생들에게 "학교 도서관에 있는 책은 좋은 책이다."라고
합니다. 부모님들도 혼자 모든 것을 해결하려 하지 말고 주변의 도서관
을 찾거나 전문가들이 정리해 놓은 목록을 참고해 좋은 책을 골라 주면
됩니다.

기본적으로 좋은 책이란, 작가가 좋은 의도를 가지고 아이들이 배우
고 익혀야 할 좋은 어휘와 문장, 내용을 담아 쓴 책을 말합니다. 아름답
고 마음을 편안하게 해 주거나 이야기의 흐름에 빠져들 수 있는 특별하
게 그려진 그림이 담겨 있으면 더욱 좋겠지요. 그리고 좋은 인간관계를
맺으며 함께 어울려 살아가는 사람들의 모습이 담겨 있거나 도전을 즐
기고 용기 있게 행동하는 사람들, 다른 사람의 마음을 헤아려 주며 배려
하는 마음이 있는 사람들 등 다양한 사람의 모습이 들어 있는 책도 좋습
니다. 이야기의 구성(플롯)이 아이들이 앞으로 살아가는 데 도움이 되는
내용 말입니다. 아이들이 금방 알아채지 못하더라도, 마음 깊숙한 곳으
로부터 은은한 감동이 느껴지고 긍정적인 영향을 받을 수 있는 책이 좋
은 책이겠죠.

나쁜 책은 좋은 책이 갖추고 있는 것을 갖추지 못한 책이겠죠? 이야
기 구성이 엉성한 책, 쓸데없이 화려한 책, 겉표지에 뭔가 잔뜩 쓰여 있
는 책, 인쇄가 나쁜 책, 불순한 의도가 들어 있는 책, 아이의 마음을 다치
게 하거나 불안하게 만드는 책 등입니다. 가끔 유행하는 잔혹한 공포물
이나 괴담 같은 책도 좋은 책이 아닙니다. 그런 책을 읽을 때 조마조마한
마음 때문에 재미있다고 느낄 수도 있지만, 혼자 있을 때나 잠자기 전에

문득 그런 내용이 떠오르면 심리 상태가 불안해질 수 있습니다. 좋은 책을 읽기에도 모자란 시간에 그런 책은 되도록 피하는 것이 좋습니다.

고전 문학, 고전 명작이라는 책은 수십, 수백 년 동안 읽힌 책을 말합니다. 오랫동안 사람들에게 인정을 받은 책이라는 뜻입니다. 그런 책들은 좋은 책입니다. 좋은 어휘와 문장이 많이 들어 있고, 내용이 재미있고, 이야기 구조가 잘 짜여 있으며, 선과 악이 잘 구분되어 있고, 결말도 좋은 가치를 지향하고 있습니다. 그리고 읽고 나면 가슴에 무언가 좋은 느낌이 차오른 걸 느끼는 경우가 많습니다. 이런 책은 좋은 책입니다.

그런데 부모님들이 주의해야 할 것도 있습니다. '좋은 책만 쏙쏙 골라서 읽히겠다'고 생각하는 것입니다. 어쩌면 농축액(엑기스)을 찾는 우리나라 어른들의 마음이 담겨 있는 것 같습니다. 좋은 영양분을 음식으로 섭취하는 것이 아니고 좋다는 것만 모아서 한꺼번에 먹고 싶어 하는 일종의 변칙, 꼼수 같은 것이지요. 일종의 조급함입니다. 좋아하는 책을 읽게 하도록 하고, 책 읽는 것을 즐기며, 책을 꾸준히 읽도록 이끌어 주는 것이 좋습니다.

같은 책을
계속 반복해서 읽는데,
괜찮은가요?

Q. 36

A. 한 번 읽은 책을 다시 읽는 것은
　 매우 자연스러운 일입니다.

　같은 책을 반복해서 읽는다는 것은 아이가 그 책에 대해 애착이 있는 것입니다. 이상한 일이 아닙니다. 좋아하는 책, 좋아하는 영화는 두 번이고 세 번이고 보기도 하니까요.

　아이들은 읽은 책을 다시 읽는 특성이 있습니다. 재미있으니까 읽는 것입니다. 물론 새로운 읽을거리가 부족해서 그러기도 합니다. 아이들만 그러는 건 아닙니다. 웬만한 어른들이라면 삼국지를 몇 번이고 반복해서 읽은 경험이 있을 것입니다. 재미있기 때문입니다. 이야기가 다양해서 그렇습니다. 재미있지 않다면, 좋아하지 않는다면 그렇게 할 수 없습니다.

아이들이 반복해서 읽는 책은, 아이가 현재 관심을 보이는 흥미 분야와 아이의 현재 독서 수준을 그대로 보여 줍니다. 지금 읽고 있는 책이 그 아이의 독서 수준이고, 흥미로워하는 분야입니다. 그러니 걱정을 하기보다는 아이의 현재 상태를 알아보는 기회로 삼아야 합니다.

계속 한 종류의
책만 읽는데
어떻게 해야 하나요?

A. 걱정하실 필요가 없습니다.
아주 좋은 현상입니다.

한 종류의 책만 읽는다는 것은 자신의 관심 분야가 생겼다는 뜻입니다. 누구든 자기가 좋아하는 책을 계속해서 읽고 싶어 합니다. 따라서 이러한 행동은 매우 긍정적으로 해석할 수 있습니다. 자기가 좋아하는 책이 생기고, 좋아하는 분야의 책을 많이 읽고 싶은 마음이 생겼다는 것은 환영해야 할 일입니다. 이런 현상을 '좁은 독서'narrow reading라고 합니다. 깊이 파고드는 독서가 일어난다는 의미입니다. 이상하게 생각하거나 방해하지 말고 더욱 권장해 주어야 합니다.

예를 들어 모험 이야기책에 관심을 보인다면 비슷한 분야의 책을 더 사다 주거나 권해 줘야 합니다. 아이들이 관심을 보이는 것에 대해 부모님이 관심과 애정을 보여 주는 것은 매우 중요한 일입니다.

　자신이 하는 일에 대해 부모님의 인정을 받으면 아이들은 더욱 용기와 자신감을 얻게 됩니다. 당연히 책 읽기도 마찬가지입니다. 더 깊이 파고들어 읽도록 응원해야 됩니다.

고학년인데
쉬운 책만 읽으려고 해요.
어떻게 해야 하나요?

A. 독서 수준이 낮다는 증거입니다.
독서 수준을 높일 수 있도록 도와줘야 합니다.

고학년이 쉬운 책만 읽으려고 한다면, 우선 독서 수준이 높지 않다고 판단해야 합니다. 독서 수준은 이해 능력이 뒷받침되지 않으면 절대로 높아질 수 없습니다. 고학년이 되어서도 저학년이 읽는 쉬운 책만 읽는다는 것은 자기 연령이나 발달 단계에 맞는 책을 소화할 능력이 없다는 증거가 될 수 있습니다.

같은 학년이라도 독서 능력과 독서 수준은 천차만별입니다. 똑같은 6학년이라도 어떤 아이는 전문가 수준의 독서 능력을 갖추고 있을 수 있으며, 어떤 아이는 떠듬떠듬 글자만 겨우 읽는 수준일 수 있습니다. 고학년인데도 아주 쉬운 책을 읽고 있다면 독서 수준이 그 정도밖에 되지 않는다는 의미입니다. 독서 수준을 높여 주는 활동이 꼭 필요한 이유입니다. 얇은 책, 그림 많은 책, 쉬운 책을 읽는 수준을 '흥미 독서기'라고 합니다. 이 정도의 수준이라고 할 수 있을 것입니다.

　이런 아이들에게는 부모님이 늘 관심을 가지고 아이의 독서 능력을 높여 주기 위해 끊임없이 노력해야 합니다. 무엇보다 중요한 건, 아이가 좋아할 만한 책을 꾸준히 권하고, 책을 잘 읽고 있는지 항상 살펴봐야 한다는 점입니다. 또 아이가 책을 다 읽으면 함께 기뻐해 주고, 책에 대해 이야기를 나누는 일도 잊지 마셔야 합니다. 책을 잘 읽기를 바라는 마음을 충분히 표현해 주어야 하는 건 물론입니다. 이런 것들이 바로 부모님들이 할 수 있는 일들입니다.

동시를
읽는 것도
독서인가요?

**A. 동시 읽기는 창의력과 상상력을 키울 수
있는 매우 훌륭한 독서 활동입니다.**

동시는 노랫말처럼 짧고 상징적이며 함축적인 문학 장르입니다. 아이들의 마음이나 생활, 자연 등을 노래하는 가장 순수한 언어로 쓴 문학입니다. 동시는 '아이들이 읽기를 바라며 어른들이 쓴 문학'으로, 아이들이 쓴 아이들의 시는 '어린이 시'라고 구분하기도 합니다. 이 문학은 가장 아름답고 순수한 언어로 채워져 있습니다. 가장 밝고 맑고 순수한 문학입니다.

하지만 동시는 짧아서 독서가 아니라고 생각하기 쉽습니다. 그러나 동시를 읽는 것은 매우 좋은 독서입니다. 동시에 쓰이는 어휘는 함축적이고 풍성한 뜻을 담고 있어 동시를 많이 읽으면 아이들의 생각과 느낌이 섬세해지고 풍요로워질 수 있습니다. 특히 동시는 길이가 짧아서 아이들이 어렵지 않게 다가갈 수 있다는 장점도 있습니다. 그래서 긴 글 읽기, 긴 글 쓰기를 어려워하는 아이들이라면 더더욱 동시가 좋은 영향을 줄 수 있습니다.

동시는 외우는 게 좋을까요?

A. 동시는 외우는 것보다 그 자체로 즐기는 것이 중요합니다.

동시를 외울 수 있다면 좋습니다. 초등학교 시기에 외운 것은 평생 잊히지 않습니다. 하지만 억지로 외우기만 하는 것은 바람직하지 않습니다. 억지로 외우다가 동시를 싫어하게 될 수도 있으니까요. 동시를 읽을 때 아이에게 소리 내어 읽어 보게 하고, 또 소리 내어 읽어 주기도 하면서, 동시가 담고 있는 의미와 아름다움을 느끼게 해 주는 것이 중요합니다. 이런 과정을 반복하면 누가 시키지 않아도 마음에 드는 동시를 자연스럽게 외우게 됩니다. 이쯤 되면 좋아하는 동시를 함께 외우고 낭독하는 활동도 해 볼 수 있지요. 어른들 사이에서도 멋진 시를 외워 낭송하는 사람은 참 멋있어 보입니다. 아이들도 그럴 수 있게 되기를 바랍니다.

이야기책만
좋아하는데
괜찮은가요?

A. 이야기책만 좋아하는 것은 절대로 나쁜 일이 아닙니다.
 오히려 환영하고 권장할 만한 일입니다.

 『천일야화』를 읽다 보면 이야기의 힘에 감탄하게 됩니다. 주인공 세
헤라자데가 목숨을 지켜낼 수 있었던 것도 1,000일 동안 왕에게 끊임없
이 이야기를 들려주었기 때문이지요. 이처럼 이야기는 오래전부터 인류
의 역사와 함께해 왔습니다. 인류는 이야기를 만들어 내며 이야기와 함
께 살아왔다고 하는 편이 더 어울릴 것 같습니다.

 이야기 속에는 아이들이 살아가는 데 필요한 여러 가지가 담겨 있습
니다. 슬픔, 기쁨, 즐거움, 배신, 사랑, 증오, 성공, 좌절, 도전, 실패 등 인
간의 삶과 관련된 수많은 이야기가 들어 있지요. 이러한 이야기를 읽어
가며 아이들은 주인공과 등장인물들의 삶을 보고 배우게 됩니다. 주인

공과 등장인물들의 삶을 동일시하는 뇌의 작용 때문에, 책을 읽는 아이들은 직접 경험한 것과 같은 효과를 얻을 수 있습니다. 독서를 통해 어휘나 문장을 배우는 것은 물론 공감 능력까지 키울 수 있다고 하는 이유는 바로 이 때문입니다.

아이들은 이야기를 통해 인생을 배워 갑니다. 아이들은 이야기책을 읽으며, 등장인물의 생각이나 행동, 느낌, 감정 등을 간접 경험하고 그들의 삶을 이해하고 공감하며 자신의 삶에 대비해 보는 기회를 얻습니다. 예를 들어 『사자가 작아졌어!』를 읽으며 아이들은 사자와 가젤의 마음을 함께 살필 수 있는 기회를 얻습니다. 사자는 몸이 작아지기 전에 배가 고파서 엄마 가젤을 잡아먹었을 뿐인데, 세상에서 가장 소중한 엄마를 잃은 가젤은 사자를 깊이 원망하게 됩니다. 그런 사자가 몸이 갑자기 작아졌을 때, 물에 빠진 사자를 가젤이 구해 주면서 입장이 뒤바뀌고 섞이게 됩니다. 사자가 진심으로 사과하고 위로하며 "그럼 날 먹어."라고 하

는 장면에서는 할 말이 없어집니다. 가젤이 "초식 동물이 널 어떻게 먹
냐구. 그리고 널 먹어도 엄마는 돌아오지 않아."라고 말하는 대목에서는
마음마저 먹먹합니다.

사람들은 이야기를 읽으면서 다른 인생을 엿봅니다. 다른 사람들이
사는 모습을 알게 됩니다. 책을 읽으면서 이런 과정을 겪을 수 있는 것은
축복입니다. 이야기책을 읽어야 합니다. 이야기책만 좋아하는 것은 절대
로 걱정할 일이 아닙니다. 이런 걱정에는 '공부에 직접적으로 도움이 되
는 책을 읽어야 하는데, 한가롭게 이야기책만 읽고 있냐'는 엄마의 불안
이 깃들어 있습니다.

아이가 이야기책을 좋아한다면, 더 많은 이야기책을 접할 수 있도록
동서고금의 다양한 문학 작품을 소개해 주세요. 이야기는 아이들에게,
사람들에게 평생 동반자나 다름없습니다. 재미있으면 됩니다. 재미있게
읽는 과정에서 언어를 배우고 삶을 배우며 성장합니다.

역사책을 사 줘도
잘 읽지 않아요.
어떻게 해야 하나요?

A. 자연스럽게 흥미가 생기는 때가 있습니다.

    역사책을 읽는 것은 이야기책을 읽는 것과는 독서의 차원이 다릅니다. 역사책은 과거에 일어난 일들을 기록해 놓은 책입니다. 따라서 시간 개념이 발달한 뒤에야 역사책을 받아들이고 읽어 낼 수 있습니다. 그러므로 일반적으로 초등학교 저학년 학생들은 역사책을 읽어 내는 게 쉽지 않습니다. 이 시기에는 지나간 시간, 현재, 앞으로 다가올 시간에 대한 개념이 발달해 있지 않기 때문입니다. 이 시기는 볼 수 있는 것, 옆에 두고 만질 수 있는 것 등 구체적인 현상이나 사물에 대한 것은 잘 이해하는 반면, 볼 수 없는 것, 만질 수 없는 것, 시간의 흐름 등과 같이 추상적인 것에 대한 발달은 아직 부족한 시기입니다.

역사책을 읽으면 좋은 시기는, 개인차가 있지만 초등학교 4학년쯤 돼야 합니다. 이 시기를 앞당기려는 노력을 해 볼 수는 있지만, 무리하게 강요하는 건 좋지 않습니다. 억지로 역사책을 읽히려고 하는 것보다는 이야기로 풀어서 쓴 역사 이야기책이나 그림책 같은 것을 읽으면서 준비하고 연습하는 것이 좋습니다.

판타지 소설에 빠져 다른 책은 읽지 않는데, 괜찮을까요?

Q. 43

A. 독서 능력이 발달되어 있으며, 수준 높은 독자로
   커 가고 있다는 증거입니다.

판타지 소설에 나오는 세계는 우리가 사는 현실 세계와는 다른 가상의 공간입니다. 우리 사는 공간에 대해서는 별다른 노력 없이도 쉽게 이해할 수 있고 눈앞에 그려 낼 수 있습니다. 하지만 판타지 소설의 공간은 다릅니다. 생전 처음 보는 낯선 공간들이 펼쳐지며, 훨씬 더 복잡한 인물들이 등장하고, 기상천외한 사건들이 벌어집니다. 이처럼 눈으로 본 적 없는 세계를 상상할 수 있어야 판타지 소설을 즐길 수 있습니다. 판타지 소설을 즐기는 아이들은 우수한 독서 능력을 지닌 아이들이 많습니다.

판타지 소설을 읽는 아이는 눈으로는 글자를 읽고, 머리로는 살아 본 적도, 경험한 적도 없는 세상을 상상해야 합니다. 쉬운 과정이 아닙니다.

눈으로 읽고 있는 글자나 단어, 문장을 해독할 능력이 없다면 머리로 상상하는 활동은 불가능합니다. 글의 내용을 이해하는 것도 어려운 일인데 상상하는 데 머리를 쓸 여력이 있을까요? 수많은 등장인물과 복잡한 이야기 구조, 다양한 사건, 낯선 상상의 공간이 이어지는 이야기를 읽을 수 있는 것은 일정 수준 이상의 독서 능력이 발달되고 나서야 비로소 가능한 일입니다. 독서 능력이 떨어지는 아이는 판타지 소설도 즐길 수 없습니다.

일반적으로는 5~6학년 정도가 되어야 판타지 소설을 읽습니다. 그리고 대개 이 시기에 아이들이 판타지 소설에 빠져듭니다. 몽상가적 기질이 발현하는 시기라고 보면 됩니다. 또한 현실과는 다른 가상의 시간과 공간을 이해할 수 있고, 지은이가 지어낸 가상의 모든 일을 받아들이면서 즐길 수 있는 수준이 되었다고 판단하면 됩니다. 그러므로 아이가 판타지 소설에 빠져 있다면 걱정하지 마시고 축하하고 기뻐해 주세요. 독서 능력과 수준이 높으며, 더욱 수준 높은 독자로 커 가고 있다는 증거입니다. 그런 아이들을 둔 부모님들께서 하실 일은 아이들이 좋아할 만한 그런 책을 더 많이 사 주는 일입니다.

미하이 칙센트미하이는 『몰입』flow이라는 책에서 "아이들의 어떠한 몰입도 방해하지 말라."라고 했습니다. 어떤 것에 대한 몰입은 또 다른 몰입을 가져온다는 것입니다. 판타지 소설이든 이야기든 아이들이 좋아하고 즐겨 하는 일이 있으면 응원하며 기다려 주면 됩니다.

하루 종일
만화책만 읽는데
괜찮을까요?

**A. 만화책만 읽는 것은 밥 대신 뻥튀기만 먹는 것처럼
좋지 않습니다.**

만화는 어떤 특징을 갖고 있을까요? 만화는 그림이 주가 되고, 글은 보조적인 역할을 합니다. 이미 그림으로 많은 것을 설명하기 때문에, 글은 주로 대화문이나 그림으로 설명하지 못한 것을 설명하거나 전달할 때만 씁니다.

소설책과 만화책을 직접 비교해 볼까요?『삼국지』의 장판교 전투 장면을 예로 들어 보겠습니다. 먼저 소설처럼 쓴 글입니다.

유비 일행이 장판교에 다다랐을 때 조조가 백만 대군을 몰고 달려옵니다. 장창을 꼬나든 장수도 있고, 활을 멘 일반 군사들도 있습니다. 말들의 갈퀴는 바람에 휘날리며, 말발굽에 밟힌 마른 땅에서는 먼지가 자욱하게 뭉게구름처럼 피어납니다. 온 산과 온 천지를 뒤덮은 조조의 군대는 쫓기는 유비 일행을 향해 마지막 숨통을 끊을 듯이 달려옵니다.

하지만 이 장면을 만화로 표현하면 어떻게 될까요? 수많은 군사들이 쫓아오는 장면, 창이나 활을 메고 있는 병사들, 말갈기를 날리며 달리는 말들, 말발굽에 의해 먼지가 자욱한 그림이 그려지겠죠. 그리고 그 중간 중간에 "이랴~!" "따그닥, 따그닥" "이힝~!" "게 섰거라!" "달려라!" "유비를 잡아라!"와 같은 대사들이 들어갈 것입니다. 이 만화를 읽으며 우리의 뇌가 고도로 활동할 수 있는 기회는 없습니다. 그냥 흥미롭고, 재미를 느낄 수 있는 정도입니다. 이게 만화의 한계입니다.

만화는 쉽고 재미있지만, 그만큼 압축적인 지식이나 풍부한 어휘, 문장을 즐기기에는 부족함이 많습니다. 특히 초등학교 시기의 중요한 독서의 목표가 어휘력 향상이라는 점을 생각했을 때, 만화만 읽는다는 것은 상당히 문제가 있습니다.

저는 만화가 뻥튀기와 같다고 생각합니다. 매일 하루 세끼를 뻥튀기만 먹는다고 생각해 보세요. 얼마 못 가서 전부 영양실조에 걸리게 될 겁니다. 뻥튀기에는 일상생활을 영위하고 성장하는 데 필요한 영양소가 충분히 들어 있지 않기 때문입니다. 이런 뻥튀기를 성장기 어린이가 매일 먹는 것은 좋을 리 없습니다.

우리는 뻥튀기를 언제 먹나요? 입이 심심할 때 간식거리로 먹지요. 그럼 만화는 언제 읽는 게 좋을까요? 심심할 때 가끔 읽는 것이 좋습니다. 고기도 잘 먹고 채소도 잘 먹는 아이가 어쩌다가 뻥튀기를 먹는 것은 아무런 문제가 되지 않습니다. 밥도 잘 안 먹고 고기나 채소도 잘 먹지 않는 어린이가 뻥튀기만 먹는 게 문제입니다.

　물론 만화가가 꿈인 아이가 만화책을 많이 읽는 것은 권장할 만한 일입니다. 또한 다른 책을 충분히 읽으며 틈틈이 만화를 본다면, 그것도 괜찮습니다. 그러나 독서 흥미도 없고, 책도 잘 읽지 않으면서, 만화만 읽는다면 독서 수준에 문제가 있다고 봐야 합니다. 이런 상태가 계속되면 독서 능력은 절대로 키워지지 않겠지요. 만화는 쉽고 재미있어서 누구나 좋아합니다. 아이들은 더 말할 것도 없지요. 그렇지만 만화책만 읽는 것은 뻥튀기만 먹고 사는 것처럼 좋지 않은 모습입니다. 아이의 이해력 발달과 심화에 유익하지 않은 책이라는 생각을 가져야 합니다.

학습만화는 읽어도 되나요?

A. 학습만화도 만화입니다.

　부모들은 아이들이 만화라도 읽고 있으면 책을 읽고 있다고 안심하는 경향이 있는 것 같습니다. 특히 학습만화에 대한 막연한 신뢰(?)는 상당한 것 같습니다. 하지만 학습만화 속에는 '학습'이라고 부를 만한 내용이 일부 포함되어 있을 뿐이지, 학습만화가 만화의 범주를 벗어나는 것은 아닙니다.

　학습만화를 읽는 것은 좋은 독서 습관을 갖는 데 도움이 되지 않으며, 독서 수준을 높이는 데 방해가 될 수도 있습니다. 충분한 양의 책을 읽고 독서 능력을 키워야 할 중요한 시기에 학생들이 학습만화를 가장 많이 읽고 있다는 점을 생각해 보면, 학습만화 역시 경계해야 할 대상입니다. 학습만화를 읽는 것 자체가 나쁘다고 할 수는 없습니다. 하지만 학습에 도움이 될 것이라는 착각으로 학습만화를 읽게 하는 것은 올바른 선택이 아닙니다.

학습만화도 만화일 뿐입니다. 뻥튀기에 비타민을 조금 넣고, 단백질을 조금 넣는다고 해서 뻥튀기가 좋은 음식이 될 수는 없습니다. 여전히 뻥튀기일 뿐입니다. 특히 우리나라에서만 넘쳐 나는 학습만화는 공부에 도움이 되게 하려는 학부모들의 생각과, 독서 능력과 수준이 높지 않은 아이들의 현실 때문에 일어나는 현상이라고 생각합니다. 일찍부터 이야기를 즐기며 이야기책을 읽어 낼 수 있도록 이끌어 주었다면 일어나지 않았을 현상입니다.

좋은 만화책을
읽는 것은
도움이 되지 않을까요?

Q. 46

A. 나쁘지 않습니다. 만화책도 도움이 됩니다.

만화책에 대한 질문을 정말 많이 받습니다. 그리고 그 질문의 대답
대한 의견 차이도 정말 많습니다. 이 질문도 마찬가지입니다. 일반적으
로 만화책에 대한 부정적인 의견이 있기 때문에 좋은 만화책은 읽어도
되는지 묻는 것입니다.

당연히 좋습니다. 사실 만화책을 읽는 게 나쁘다는 것은 아닙니다.
만화책 수준에 머물러 독서 수준이 높아지지 않는 것에 대한 경계심입
니다. '만화책을 보는 것은 문제가 없지만, 만화책만 보는 것은 문제가
될 수 있다'고 제가 이야기하는 이유입니다.

그럼 좋은 만화책은 무얼까요? 사실 저도 잘 모르겠습니다. 저는 이

원복 선생님이 쓴 만화책들은 구성, 그림, 글, 이야기, 지식 등이 매우 좋게 느껴집니다. 읽기에 편하고, 재미있고, 알게 되는 지식도 매우 많습니다. 이원복 선생님의 만화책이 학습만화의 원조격입니다.

사실 이 물음의 바탕에는 '학습만화를 읽어도 되냐? 학습만화는 좋은 만화 아니냐?'라고 확인하고 싶은 마음이 깔려 있다고 생각합니다. 하지만 만화는 즐기는 책입니다. 학습이 일어나기 어려운 특성을 가지고 있습니다. 그래서 좋은 만화는 있지만 좋은 만화를 읽으면서 학습이 일어나기는 어려울 거라고 이야기하는 것입니다.

수준에 맞지 않는
어려운 책을 읽으려 하는데
괜찮을까요?

A. 괜찮습니다. 읽으려는 마음이 중요합니다.
독서 수준은 남들이 판단할 수 있는 문제는 아닙니다.

'수준에 안 맞는다'는 것은 누가 판단하는 것일까요? 누구의 기준에 의해 '수준에 맞다, 안 맞다'라고 하는 것일까요?

이 문제는 아이를 관찰하는 부모님이나 선생님의 일반적인 기준입니다. 본인들이 생각하기에 두껍거나 어렵다고 생각하는 책을 '수준에 안 맞다'고 하는 것입니다. 하지만 독서 수준은 일반적인 기준이나 나이, 학령에 따른 기준과는 다릅니다. 낮을 수도 있고, 높을 수도 있습니다.

이 질문은 '어려운 책을 읽게 둬도 될까?' 하는 것입니다. 당연히 읽게 둬도 됩니다. 어렵고 두꺼운 책을 읽으려고 시도하는 것은 나쁠 게 없어 보입니다. 그러다 읽는 것이 버겁거나 재미없다면 읽지 않을 것입니다. 계속 읽는다면 읽지 못하게 할 이유는 없습니다. 읽는 모습을 계속 지켜보면서 어떤 변화나 요구가 있는지 살펴봐야 합니다.

하지만 수준에 맞지 않는 책을 읽는 이유는 알아야 합니다. 책을 읽고 싶은 마음이 클 때, 읽는 능력이 좋아졌을 때 이런 현상이 일어납니다. 또 읽을 책이 마땅치 않을 때도 이런 모습을 보입니다. 둘 다 걱정할 만한 것은 아닙니다. 다만 아이의 수준에 맞는 읽을 책이 충분한 것이 좋습니다. 읽고 싶을 때 읽을 수 있도록 책을 마련해 줘야 합니다. 읽고 싶은 마음이 사그러들지 않도록 해야 합니다.

한 가지 더 이야기하고 싶은 것이 있습니다. 아이들이 자기 나이보다 어려운 책을 읽을 수는 있습니다. 이해 능력은 나이를 뛰어넘어 발달할 수는 있지만 감정이나 정서는 나이에 따른 발달 단계와 관련이 있습니다. 예를 들어 '초등학교 1학년이 청소년들이 읽는 책을 읽을 수는 있으나 청소년들이 가질 수 있는 감정의 변화, 이성에 대한 감정 등을 알기는 어렵다'는 뜻입니다. 하지만 그것조차도 나쁘다고 할 수는 없습니다. 자라면서 겪게 될 그런 감정들을 책을 읽으면서 간접적으로 겪는 것도 나쁘지는 않습니다. 하지만 이성과의 구체적인 행위나 행동 등이 묘사된 책, 아이들의 감정을 불안하게 하는 책, 지나치게 공포심을 주는 책들은 피하는 것이 좋겠죠.

나쁜 책도 있나요?
어떤 책을
골라야 하나요?

A. 좋은 책도 있듯이 나쁜 책도 있습니다.
나쁜 책을 조금 빼면 나머지는 다 괜찮은 책입니다.

좋은 책이 있듯이 나쁜 책도 있습니다. 사실 이 질문에 대한 너무 많은 정보가 있어서 제가 설명할 필요도 없어 보입니다. 그냥 열거해 보면 인쇄가 조잡한 책, 그림이 세밀하지 못한 책, 원본을 지나치게 줄인 책, 특별한 목적을 지나치게 강조한 책, 별 이유 없이 무섭거나 불안하게 만드는 책, 성인들의 이성 교제에 대한 내용을 직접적으로 묘사한 책, 이야기가 매끄럽지 못하게 이어지는 책, 재미없는 책 등입니다. 나쁜 책이라기보다 굳이 읽지 않아도 되고, 피해야 할 책이라는 뜻입니다. 이런 특성을 가진 책들을 빼면 좋은 책이라고 할 수 있습니다. 그러니 좋은 책이 훨씬 많습니다.

일반적으로 도서관에 있는 책은 믿어도 되겠죠. 오래 팔린 책, 출판사가 다르더라도 명성이 오래 유지된 책, 많은 사람이 읽어야 한다고 권하는 책들도 좋은 책입니다.

좋은 책을 골라서 읽게 할 필요는 없습니다. 나쁜 책을 피한다는 느낌이 좋습니다. 웬만큼 좋은 책들을 아이 주변에 많이 마련해 주고 기다리는 게 중요합니다.

지금 읽고 있는 책이
중요한가요,
앞으로 읽을 책이 중요한가요?

**A. 둘 다 중요합니다. 한 가지만 골라야 한다면
'앞으로 읽을 책'을 고르겠습니다.**

학부모님들은 대부분 '책을 읽고 나서 그 내용을 알아야 한다'고 생각합니다. 물론 읽었으니 내용을 알 수는 있습니다. 하지만 아이들이 읽는 책은 대부분 이야기책이어서 그 내용을 세세하게 기억해야 할 필요가 없습니다. 그냥 즐기면 되는 거죠. 사실 이야기를 읽고 나면 어떤 내용인지만 대강 기억날 뿐, 세세한 묘사나 대사 같은 것은 분명하게 생각나지 않을 때가 많습니다. 여러분들은 어떤 책을 읽거나 영화를 보고 나서 아주 분명하게 기억이 나거나 얘기할 거리가 있으신가요? 물론 그런 사람도 있고, 그럴 때도 있습니다. 하지만 모든 사람이 늘 그런 것은 아닙니다. 아이들의 경우에는 더 그렇습니다.

한 권의 책은 매우 중요합니다. 한 권의 책으로 인생이 바뀔 만큼 큰 영향을 받을 수도 있습니다. 하지만 더 중요한 역할은 지금 읽고 있는 책을 다 읽은 뒤에, 앞으로도 계속 다른 책을 읽고 싶은 마음이 남아 있도록 하는 것입니다. 지금 읽고 있는 책을 교과서처럼 생각하고 내용을 아느니 모르느니, 빨리 읽느니 느리게 읽느니 걱정하며 조바심치는 것은 좋지 않습니다. 얼마나 즐기고 있는지, 책을 읽는 행위 자체가 재미있는지 등을 살펴보면서 "엄마는 네가 책을 읽을 때 가장 행복해. 읽고 싶은 책 또 없어. 어떤 책이 재미있어?"라고 응원해 주며 관심을 표현해 주는 게 훨씬 중요합니다. 엄마가 응원해 주는 그 일, 엄마가 중요하게 여기는 그 일, 재미있는 그 일을 아이들이 싫어하거나 게을리할 리 없습니다.

　지금 읽는 책도 물론 중요합니다. 하지만 더 중요한 것은 앞으로도 책을 읽을 수 있도록 독서 흥미를 남겨 두는 일이라는 점을 꼭 기억했으면 합니다.

슬프거나 비극적인 이야기를
아이들에게
권해도 될까요?

A. 걱정스러운 면도 있지만 장점도 많습니다.

전래동화는 옛날부터 전해 내려오는 이야기를 누군가가 각색하여 이야기로 꾸민 것입니다. 지금은 조금 다를 수 있겠지만 믿을 만한, 믿었을 만한 이야기들이 담겨 있습니다. '문둥이가 간을 꺼내 먹는다'는 이야기는 제가 어렸을 때 아이들 사이에서 제법 믿을 만한, 무서운 이야기였습니다. 어쩌면 그 시기는 그렇게 겪고 넘어가는 건 아닌가 싶습니다.

전래동화 『여우 누이』는 여우가 가축의 간을 꺼내 먹고 엄마와 형제들을 죽인 이야기입니다. 무섭습니다. 기괴합니다. 하지만 이야기 진행은 흥미롭습니다.

옛날에 아들만 셋인 집이 있었는데 딸을 갖게 해 달라고 부처님께 빌었습니다. 이건 인간의 과욕이겠죠. 간절히 원하던 딸을 얻었는데 딸이 무시무시한 여우입니다. 여우 누이가 태어나 여섯 살 되었을 무렵부터 집 안에서 키우던 가축들이 간이 사라진 채 하나둘씩 죽습니다. 집주인 부부는 범인을 알기 위해 아들들에게 불침번을 서게 합니다. 여우 누이가 하는 짓을 잘 지켜본 형들은 엄마에게 사실대로 말했다가 집에서 쫓겨나지만, 형들이 사실을 말하고 집에서 쫓겨난 것을 본 막내는 거짓을 말해 쫓겨나지 않습니다. 지금은 상상하기 힘든 일이지만 옛날에는 집에서 자식을 쫓아내는 부모도 있었습니다. 그런 걸 그냥 받아들이는 사회 분위기도 있었습니다. 자식의 인생과 생사를 부모가 결정했던 것입니다.

집에서 쫓겨난 두 형제는 절로 갑니다. 집을 벗어나는 것은 '사회적 분리'의 경험일 수 있습니다. 이유야 어떻든 혼자 살 수밖에 없는 상황에 놓일 수 있다는 걸 암시합니다. 두 형제는 절에 가서 스님에게 여우를 물리칠 비법이 담긴 주머니 세 개를 받습니다.

스님에게서 비법 주머니를 받고 집으로 돌아왔지만 이미 엄마와 막내는 사라진 후였습니다. 이에 여우 누이가 본색을 드러내고 죽이려 하자 두 형제는 비법 주머니 세 개를 차례로 던져 여우 누이를 물리칩니다. 멘토이자 스승인 스님의 말을 잘 따르는 것이 중요하다는 사실을 의미합니다.

아이들은 이 이야기를 읽으면서 가슴 졸이고 무서워하며 이야기의 흐름을 즐깁니다. 그리고 자신처럼 힘이 약하고 어린 두 형제를 응원합니다.

이 이야기는 다른 전래동화와 조금 다른 면이 있지만 아이들이 읽는 이야기 구조에서 크게 벗어나 있지는 않습니다. 결국은 어리고 약하지만 자기 역할을 잘 수행하고, 어려움을 견디고 이겨 냅니다.

책에 나오는 두 형제의 이야기를 읽으며 아이들은 '이런 어려움이 닥쳐와도 용기를 내고 이겨 내며 살아야 한다'는 삶의 메시지를 마음에 간직합니다. 이야기 속에 담긴 메시지를 마음으로 받아들이며 아이들은 세상을 살아갈 준비를 합니다. 삶에 대한 연습과 훈련을 하는 것이지요.

어떤 분이 이런 질문을 하셨습니다.

"아이들이 무서워하는 이런 이야기를 굳이 읽으라고 해도 되나요? 아니 읽어 주어야 하나요?"

권할 필요까지는 없어 보이기도 하지만 권해도 괜찮습니다. 더구나 그렇게 무서운 이야기는 엄마가 안심시키며 읽어 주는 것도 도움이 될 수 있습니다. 하지만 꼭 읽어야 할 책이라고는 저도 생각하지 않습니다. 기회가 되면 읽어 주고, 아니어도 됩니다.

다른 전래동화도, 약간의 차이가 있을 뿐, 여우 누이 이야기와 비슷한 구조로 되어 있습니다. 이야기 구조도 단순하고, 우리 삶과 관련된 내용이 많기 때문에 재미있는 요소도 많습니다. 그래서 아이들이 좋아합니다.

책을 여러 권 읽다 보면 책 한 권의 의미가 줄어들 수 있습니다. 더 많이 읽을수록 더 줄어듭니다. 책을 읽다 보면 이 질문을 하신 분이 걱정하는 무서움, 두려움 등이 희석되는 순간이 옵니다. 아이들에게는 그저 한 권의 이야기책, 한 편의 이야기일 뿐입니다. 즐겁게 재미있게 읽을 수 있도록 해 주는 게 좋습니다.

그리스 로마 신화,
읽게 해도
괜찮을까요?

Q. 51

A. 신화는 매우 좋은 읽을거리이므로 읽게
   하는 게 좋습니다.

'그리스 로마 신화'는 서양 예술과 문학의 뿌리이자 인류 문화의 보고입니다. 등장하는 신들은 인간이 겪을 수 있는 삶과 죽음, 아름다움과 추함, 사랑과 이별 등에 관여합니다. 주어진 운명과 신들의 저주에 때로는 좌절하고 때로는 맞서 싸우는 영웅들의 이야기가 펼쳐집니다.

그대로 믿기는 힘들지만 아름답게, 신비롭게 써 놓은 아주 오래전의 이야기를 아이들은 좋아합니다. 아이들은 신화에 등장하는 등장인물, 장소, 건물, 물건들에 대해 상상하고, 동경하며 마음에 아름다운 추억과 기억을 남겨 놓습니다. 이는 뚜렷하고 선명한 기억이 아니라 흐릿하며 어스름한 흔적으로 마음에 남게 됩니다.

아이들에게는 어렵고 복잡한 신들의 이름을 알고, 외우며, 그리스 신들과 로마 신들의 이름과 관계, 역할을 비교하는 것도 흥미로운 일입니다. 그런 신들을 아는 것도 우쭐댈 만한 일이고, 이름을 외우고 있는 것도 친구들에게 자랑할 만한 일입니다. 게다가 여러 번 읽어도 다 알지 못하며, 읽을수록 새로운 느낌이 드는 무궁무진한 이야기가 '그리스 로마 신화'입니다. 방대하고, 깊이 있으며, 이야기가 끝없이 이어집니다.

하지만 우리나라에서는 만화로 된 그리스 로마 신화를 많이 읽습니다. 어느 정도 의미는 있지만 분명 걱정스러운 면이 있습니다. 그래서 이런 질문을 하신 게 아닌가 생각합니다. 만화로 된 책을 읽고 나서 글로 된 책으로 발전해 나가면 좋겠지만 그렇지 않은 아이들이 많은 게 사실입니다. 사실 이게 걱정입니다. 원작이 아무리 심오하고 깊다 하더라도 그 재미를 알지 못하는 수준의 독서만 하고 있다면 문제가 있습니다.

부모님들께서는 아이들이 읽을 수 있는 수준의 글로 된 그리스 로마 신화를 읽어 주거나 사다 주면서 독서를 권하는 것도 좋을 것 같습니다. 그래야만 좀 더 수준 높은 독서로 나아갈 수 있습니다. 만화에서만 머물고 마는 독서를 가장 경계해야 합니다.

위인전은
무조건
읽어야 할까요?

A. 위인전은 삶을 알 수 있게 해 주는 좋은 책입니다.
하지만 관심 없는 아이에게는 큰 의미가 없습니다.

어떤 책이든 아이들이 읽겠다고 하면 읽게 하는 것은 좋은 일입니다. 하지만 위인전을 꼭 읽어야 하는 것은 아닙니다. 아이들 입장에서 위인전은 그냥 유명한 사람에 관한 책일 뿐입니다.

위인전에 관심을 갖는 아이들은 읽으면 되고, 그렇지 않은 아이들은 다른 책을 읽으면 됩니다. 위인전에 잠시 관심을 갖게 할 수는 있어도 위인전을 계속 읽게 하는 것은 쉽지 않은 일이고, 꼭 필요한 일도 아닙니다. 문제는 위인전이라는 책이 아니라 어른들입니다. 위인전을 읽으면 좋을 것 같다는 생각에 꼭 읽게 하거나, 위인전을 읽으면 그 주인공처럼 될 수 있을 거라는 막연한 기대감을 갖고 읽게 하려는 게 문제입니다.

전집류나
시리즈 도서를
사 줘도 되나요?

A. 전집류나 시리즈 도서도 필요합니다. 비슷한 장르의 책을
   계속 읽고 싶을 때 도움이 됩니다.

　　일반적으로 부모님들은 전집류에 대해 안 좋은 인식을 갖고 있는 경
우가 많습니다. 아이들의 흥미나 동의 없이 한꺼번에 대량으로 책을 구
매하는 바람에 아이들이 책을 안 읽거나 별로 좋아하지 않기 때문에 그
렇습니다.

　　아이들의 책을 살 때 두 가지 경우를 생각해 볼 수 있습니다. 아이들
의 흥미와 관심을 고려하여 몇 권씩 꾸준히 사는 엄마들이 있고, 전집류
의 책을 사는 엄마들이 있습니다. 두 가지를 비교해 보면 아이들의 흥미
를 고려하여 낱권으로 된 개성 있는 단행본을 꾸준히 사 주는 것이 더
좋다고 할 수 있습니다.

하지만 아이들이 책을 많이 읽을 시기에는 전집류 책이 도움이 됩니다. 전집류 책을 나쁘게 생각할 필요는 없습니다. 아이들의 발달 수준별, 흥미별, 장르별, 나라별 등으로 책을 다양하게 준비해 주어야 하지만, 이를 일일이 낱권으로 준비하는 데는 한계가 있을 수밖에 없습니다. 그러니 전집류도 적절하게 구매해서 아이들에게 보여 주는 게 좋습니다. 아이들이 읽고 싶을 때 읽을 수 있도록 준비해 주는 것입니다. 읽고 싶을 때 읽을거리가 없으면 아이들의 독서 흥미는 급격하게 떨어질 수 있습니다. 그러니 적절한 시기에 사 주지 못할 바에는 전집으로 미리 준비하는 것이 좋습니다.

전집류를 별다르게 볼 필요는 없습니다. 오히려 아이들 수준에 맞춰 낱권으로 된 책들을 충분하게 사 주기 힘든 부모님에게는 도움이 됩니다. 엄마의 욕심으로 들여놓은 전집류가 아이들에게 부담스러운 것은 맞지만 전집류라고 해서 아이들이 읽지 않는 것이 아닙니다.

사실 부모님들은 아이들이 커 감에 따라 어떤 책을 사 줘야 할지 잘 모를 수 있습니다. 아니, 잘 모른다고 생각합니다. 하지만 조금만 관심을 가지면 어려운 일이 아닙니다. 누구나 인터넷에 검색 한 번만 해 보면 됩니다. 특별한 책이 아니고 웬만한 책을 골라서 읽어 주기 시작하면 됩니다. 그러면 책을 좋아하게 되고, 잘 읽는 아이가 될 수 있습니다. 그러면서 차츰 책을 많이 읽게 되고, 급기야 밤새워 책을 읽는 때가 오기도 합니다. 이렇게 독서량이 폭발적으로 늘어 나는 시기가 올 때 전집류가 빛을 발합니다.

학교 교육과정에 들어 있는 '한 학기 한 권 읽기'는 무엇인가요?

A. 교육과정에 독서 단원이 생겼다는 의미입니다.

학교에서 배우는 내용을 정한 것을 '교육과정'이라고 합니다. 국가 수준의 교육과정이 정해지고, 이와 관련해 시도 교육과정 편성 지침이 만들어지면 그 내용을 바탕으로 학교 교육과정이 마련됩니다. 이런 연계 과정을 모두 교육과정이라고 할 수 있습니다.

초등학교의 경우 3학년부터 6학년까지 1년에 8~12시간 정도의 독서 관련 단원이 들어가 있습니다. 그 단원의 이름이 '한 학기 한 권 읽기'입니다. 이 교육과정이 도입된 초기에는 단원명 때문에 매우 큰 혼란이 있었습니다. 도대체 '한 학기 한 권만 읽으라는 거냐? 도대체 정체가 뭐냐?'라는 하소연이었습니다.

저도 궁금해서 알아보니 고등학생이나 중학생들에게 두껍고 수준 있는 책을 한 권이라도 깊이 있게 제대로 읽히기 위한 의도로 새롭게 도입된 단원이었습니다. 연구 개발진은 이런 의도로 만들어진 단원명을 초등학교까지 연계해 유지하려고 했던 거죠. 분명 좋은 뜻이 담겨 있습니다. 하지만 선생님들이 받아들이는 데는 문제가 있었습니다. 그래서 저는 이렇게 설명해 줬습니다.

첫째, 독서 단원이 처음 도입되었으니 기쁜 일입니다. 이제까지는 교육과정에 독서 활동을 할 수 있는 단원, 시간이 없었습니다. 그러니 기쁜 일로 받아들였으면 합니다.

둘째, 선생님들이 독서 활동을 위해 쓸 수 있는 시간이 생겼으니 기쁜 일입니다. 이제까지는 선생님들이 독서 관련 활동을 하고 싶어도 시간을 내기 어려웠는데 이제 교육과정에 시간을 낼 수 있는 근거가 생겼습니다.

셋째, 독서 활동을 위해 마련된 시간을 선생님들께서 재량껏 활용할 수 있게 되었으니 기쁜 일입니다. 어느 정도 활동 내용은 정해져 있지만, 책을 고르고, 읽고, 표현하는 정도의 내용은 선생님이 재량껏 할 수 있도록 구성되어 있습니다. 학생들과 함께 책과 관련된 활동을 할 수 있으니 기쁜 일입니다.

넷째, 학생들이 책을 읽도록 하는 것도 좋은 일이지만 책을 읽어 주면서 책 읽기를 권하는 것도 매우 좋은 일이니, '한 학기 한 권 읽기' 단원을 공부하는 시간만이라도 책을 읽어 주면 좋겠습니다.

다섯째, 이 단원의 최종 목표는 책을 좋아하도록 이끌어 주는 일이 니, 이렇게 하든 저렇게 하든 책을 좋아하는 데 도움이 되면 어떻게 하더 라도 크게 어긋나는 일이 아닙니다. 그러니 부담 갖지 말고 기쁘게 지도 하고, 기쁘게 활동했으면 합니다.

아무리 좋은 일이라도 어렵게 느껴지거나 부담이 된다면 효과를 거 두기 어렵습니다. 이 책을 읽는 학부모님들도 이렇게 받아들이면 좋겠 습니다.

교과 연계
독서는
무엇인가요?

A. 교과 내용과 관련된 책을 읽게 한다는 뜻입니다.
　　매우 좁은 의미의 독서 권장 활동일 수 있습니다.

　간단하게 이야기하면 교과 공부와 관련된 책을 읽게 하려는 노력이라고 할 수 있습니다. 어쩌면 책을 읽게 하려는 적극적인 노력처럼 보입니다. 하지만 좁게 생각하면 공부와 관련된 책이라도 읽게 해서 공부에 도움이 되게 하려는 노력이라고 할 수 있습니다. 책 읽기에 무게중심이 있다기보다 독서를 공부에 활용하는 면이 더 강하다는 의미죠. 이러니저러니 따질 것 없이 책을 읽으면 좋고, 더구나 공부에 도움이 되면 더 좋은 것 같기도 합니다. 분명 그런 면이 있습니다.

　사회과나 국어과 등 교과 내용과 관련된 책을 읽어 볼 수 있도록 이끌어 주는 일은 좋은 독서 활동입니다. 교과 내용과 세상에 존재하는 책을 연결해 준다는 의미로 보면 더욱 그렇습니다. 더구나 독서 흥미를 키운 뒤 책 읽기를 좋아하게 만들기 위한 시간적인 여유가 없는 초등학교 고학년, 중·고교 학생들에게는 즉각적인 효과가 있는 방법이긴 합니다.

하지만 모든 학생에게 적용할 수 있는 좋은 방법은 아닐 수도 있습니다. 제가 다니던 대학교 도서관 책상에 "목적 없는 독서는 방황이다."라는 문구가 조그만 나무 조각에 새겨 올려져 있었습니다. 저는 왜 목적 있는 독서만 좋은 독서인지 너무나 궁금했습니다. 이 문구는 대학생들에게 '목적 있는 독서로 학문에 정진하라'는 뜻을 일깨우기 위한 것임을 나중에 알았습니다.

이처럼 목적 있는 독서는 아이들이 어렸을 때보다는 어른들에게 어울리는 독서입니다. 아이들은 목적 없이 즐기는 독서가 더 좋습니다. 어렸을 때는 책 읽는 즐거움을 알게 하는 것이 더 좋습니다. 그러니 교과 연계 독서라는 매우 적극적으로 보이는 독서 활동이 오히려 독서에 대한 장기적인 흥미를 반감시키는 결과를 가져올 수도 있음을 알아야 합니다. 책 읽는 것이 기뻐야 계속 책을 읽지 않을까요?

전자책을 읽는 것과 종이책을 읽는 것은 차이가 있나요?

A. 종이책과 전자책은 차이점이 많습니다.

종이책과 전자책(영상매체로 된 책)의 가장 큰 차이는 실물이냐 아니냐, 입체냐 평면이냐의 차이입니다. 사람들은 종이책을 실물이며 입체로 받아들이는 반면, 전자책은 실물이 존재하지 않고 평면적인 것이라고 생각합니다. 그러므로 실제적인 느낌이 더 중요한 아이들(나아가 모든 사람)에게 더욱 좋은 것은 종이책이라고 할 수 있습니다.

물론 전자책의 장점도 있습니다. 먼저 휴대하기가 편리합니다. 전자책을 읽을 수 있는 기기 한 대만 있으면, 수천, 수만 권의 책을 읽을 수 있습니다. 또 전자책의 여러 가지 기능을 이용하면 특정 페이지를 표시하기도 좋고, 메모하거나 마음에 드는 문장을 표시하기도 좋습니다.

이런 눈으로 보이는 차이점 말고도 눈에 보이지 않는 중요한 차이점이 있습니다. 바로 '뇌의 반응'입니다. 종이책을 읽을 때 인간의 뇌는 기쁨, 즐거움, 안정감 등과 같은 중추가 활성화된 상태이지만, 전자책을 읽을 때 인간의 뇌는 긴장, 불안, 초조와 같은 뇌의 중추가 활성화된 상태가 됩니다. 뇌 건강의 측면에서 본다면 당연히 종이책을 읽을 때가 더 좋습니다. 특히 언어 발달에 가장 좋은 것은 '기쁘고 즐겁게 읽을 때'라고 하니, 가장 좋은 언어 학습의 기회는 '종이책을 읽을 때'입니다.

또 한 가지 고려해 봐야 할 사항이 있습니다. 전자책과 종이책을 선택하는 순서입니다. 어렸을 때는 종이책 읽기를 친숙하게 하고, 종이책을 꾸준히 읽을 수 있도록 하는 것이 좋습니다. 그런 다음 필요에 따라 전자책을 읽으면 됩니다. 하지만 영상 매체로 된 책에 먼저 친숙해진다면 종이책을 읽을 기회는 없어질 수 있습니다.

종이책이 먼저입니다. 종이책이 좋습니다. 종이책으로 시작하고 '종이책으로 완성하는 것이 독서'라고 생각을 정리하는 것이 좋습니다.

외국에서 펴낸 책과
우리나라 책이 종이가 다르던데
왜 그런가요?

A. 맞습니다. 종이 차이가 크더군요.

교문에서 아침마다 마주치는 우리 학교 여학생이 있습니다. 그 학생은 늘 책을 들고 다니며 읽습니다. 판타지 소설이나 저도 처음 본 책들을 읽습니다. 그중에는 영문으로 된 책들도 있습니다. 놀랍고, 신기하고, 대견합니다. 언젠가 "무슨 책이니?"라고 물은 적이 있었는데, "북유럽 신화예요."라고 답했던 기억이 납니다.

제 아이들이 어렸을 때 미국에서 펴낸 영문판 『해리포터』를 사다 준 적이 있었습니다. 우리 학교 여학생이 읽던 책이나 우리 아이에게 사다 줬던, 외국에서 펴낸 책은 두껍고 거칠었습니다. 자세히 들여다보니 가볍고 누런 종이로 만들었더군요. '뭐 이렇게 질이 안 좋은 종이로 책을 만든 거야? 싸구려 종이 아냐? 돈이 없는 거야. 종이가 귀한 거야?'란 생각이 들 정도였습니다.

아이들에게 실질적 느낌은 매우 중요합니다. 책은 실물이며 입체입니다. 대부분의 외국 출판사들이 거칠고 누런, 고급스러워 보이지 않는 종이로 책을 만드는 이유는 실물감, 입체감을 최대한 살리기 위해서라는 말을 들은 적이 있습니다. 덜 부담스럽고 친근한 물건이라는 느낌을 주기 위해서라는 겁니다.

이에 비해 우리나라에서 만든 책은 희고 반짝이고, 무거운 경우가 많습니다. 고급스럽다는 느낌도 있지만 지나치게 좋은 종이로 만들었다는 생각을 지울 수 없습니다. 왜 그런 종이로 만들었는지 궁금해서 출판사에 전화를 걸어 물어봤더니, "누렇고 거친 종이로 책을 만들면 안 팔린다."라고 대답하더군요. 우리나라 부모님들의 인식을 확인할 수 있어서 순간 씁쓸해졌습니다.

물론 책의 성격에 따라 종이 선택이 다를 수는 있습니다. 우리나라에서 만드는 모든 책의 종이가 다 고급스럽다는 것은 아니지만, 아이들이 책을 좋아하게 하는 데 도움이 되는 방향으로 종이까지도 세심하게 고르는 외국 출판사의 마음 씀씀이가 놀라웠습니다. 한편으로 부럽기까지 했습니다. 이런 현상은 책을 만드는 출판사들의 가치도 영향을 미쳤겠지만, 무엇보다 독자들의 욕구와 가치가 아이들에게 도움이 되는 방향으로 형성되어 있다는 말도 됩니다. 우리도 아이들의 독서와 정서 발달에 도움이 되는 출판이 무엇인지에 대해 성찰해 볼 필요가 있습니다.

책, 어떻게
읽어야 하나요?

언제부터
읽기를
시작하게 되나요?

A. 개인별로 다릅니다. 하지만 예측할 수 있습니다.

읽기가 시작되는 시점을 정확하게 말하기는 어렵습니다. 개인별로 다르기 때문입니다. 다만 일반적인 발달 특징은 다음과 같습니다.

뇌는 8개월에서 18개월 사이에 모국어의 토대를 정립하고, 만 6세까지 전반적인 언어의 발달이 이루어집니다. 이 시기에 감각, 개념, 언어체계가 완성된다고 합니다. 이 시기 뇌는 이 모든 경험과 감각을 재료로 보편적인 독서 시스템을 구축합니다. 이 시기를 독서의 '결정적 시기'라고 하는데, 부모나 주양육자가 책 읽어 주는 소리를 들으며 보낸 시간의 양과 질이 그 아이의 독서 수준을 예측하는 척도가 됩니다. 책을 읽어 준 정도에 따라 예측이 가능하다는 이야기죠.

누누이 이야기하지만 읽기는 듣기에 따라 결정됩니다. 아주 어릴 때부터 이야기를 많이 듣는 것, 책 읽어 주는 소리를 많이 듣는 것이 중요합니다. 이 소리와 책에 쓰인 글자를 결합하면서 읽기가 시작됩니다. 일반적으로 만 5세 이후에 시작하는 것이 정설입니다. 하지만 이것도 일반적인 이야기일 뿐입니다. 만 5세 이전에 아이가 읽을 수 있어서 읽기 시작하면 그것은 좋은 일입니다. 그걸 막을 수도 없습니다.

태아 때부터 책 읽어 주는 소리를 꾸준히 들어 온 아이의 경우 만 3세에 이르러 책 읽기를 시작한다는 사례가 있습니다. 다른 나라에 비해 우리나라 아이들은 어린 시절부터 책을 읽을 수 있습니다. 문맹률도 낮습니다. 글자를 읽는 것과 책을 읽는 것은 조금 다른 개념이긴 하지만, 한글 덕분에 일찍부터 읽을 수 있게 됩니다. 한글은 소리글자이기 때문에 글자를 깨우치기 쉽고 읽기를 쉽게 시작할 수 있습니다. 읽기를 시작하고 난 후에 점차 이해할 수 있는 어휘와 문장이 늘어나게 되고 그런 과정이 반복되면서 독서가 확장됩니다. 읽기는 대화, 이야기 들려주기, 책 읽어 주기로 시작됩니다.

속독, 다독, 정독이란 무엇인가요? 무엇이 제일 중요한가요?

A. 세 가지는 이름만 다른 쌍둥이입니다.
모두 중요합니다.

쌍둥이는 얼굴, 성향, 성격도 비슷한 점도 많습니다. 물론 서로 다른 개성이 있습니다. '빠르게 읽기'인 속독速讀, '많이 읽기'인 다독多讀, '제대로 읽기'인 정독精讀도 그렇습니다.

다독보다 정독을 강조하는 분들이 많습니다. '다독하는 것은 좋은 일이지만, 읽은 책은 모두 기억해야 하므로 정독해야 한다'는 것이죠. 그런 분들은 이해하거나 기억하지 못하면 '정독'이 되지 않았다고 말합니다.

하지만 아이들은 기억하거나 이해하려고 책을 읽지 않는다는 사실을 꼭 알아야 합니다. 몇 줄, 몇 쪽을 읽어도 좋고, 한 권을 읽으면 더 좋다고 생각해야 하지요. 이렇게 해서 아이가 독서 흥미를 잃지 않고, 계속

144 초등 독서 질문 사전 99

이어지도록 도와줘야 합니다.

책 읽기를 좋아하고, 이해하거나 기억할 수 있는 책을 읽게 되면 자연스럽게 아이들은 정독하게 됩니다. 즐기듯 훑듯 읽는 과정을 되풀이하면 다독으로 이어지고, 이해하고 기억하는 내용이 많아지면 정독이일어나고, 정독이 쌓이고 쌓여서 독서 능력이 더욱 향상되면 속독으로이어지는 겁니다.

물론 정독을 강조하는 이유는 있습니다. 겉 읽기의 폐해를 경고하는의미로 이해하면 될 것 같습니다. 겉 읽기는 읽는 능력이 발달하지 못했거나 읽은 양을 강조하는 분위기 때문에 내용을 알지 못하고 읽는 시늉만 하는 것으로 이해하면 됩니다. 맞습니다. 이건 경계해야 합니다. 몇권 읽었는지 등의 실적을 강조하는 독서 권장은 한계가 있습니다.

우리가 다 알고 있듯이, 아이들이 책을 다 읽었는지 안 읽었는지는확인하기가 어렵습니다. 하지만 이런 이유로 자꾸 확인하려 한다면, 아이들은 책을 읽지 않거나 책 읽는 모습을 감추려고 할 겁니다.

아이가 책을 정독하기까지는 오랜 시간이 걸립니다. 그때까지는 이러니저러니 따지지 말고 책을 좋아할 수 있도록 도와주면서 기다리는게 좋습니다.

그래도 다독보다는 정독이 더 중요하지 않을까요?

A. 초등학생 시기에는 다독이 더 중요합니다.

'독서백편의자현'讀書百遍義自見이란 말이 있습니다. 책을 백 번 읽으면 자연히 그 뜻을 알게 된다는 뜻이죠. '평범한 책 백 권을 한 번씩 읽는 것보다 좋은 책 한 권을 백 번 읽는 게 낫다'는 말도 있습니다. 다독보다 정독이 중요하다는 뜻이죠. 모두 맞는 말입니다.

그런데 사실 이 두 문장에는 다독해야 한다는 의미가 숨어 있습니다. 백 권의 책을 한 번 읽는 것도, 한 권의 책을 백 번 읽는 것도 모두 다독입니다. 결국 정독이냐 다독이냐를 따지는 건 중요하지 않습니다. 둘 다 아이에게 필요한 독서 방법이기 때문입니다. 하지만 정독을 강조하면서 다독을 소홀히 여기는 건 문제가 있습니다.

학부모님 중에 간혹 "우리 아이는 책을 많이 읽는데 내용을 잘 기억하지 못해요. 건성으로 읽나 봐요."라며 아이가 정독하지 못하는 것에 대해 불안해하는 분들이 있습니다. 그런데 아이들이 읽은 책의 내용을 기억하지 못하는 원인이 정독하지 않는 데만 있는 건 아닙니다. 책을 읽었지만 할 얘기가 없어서 그럴 수도 있고, 이야기하기 싫어서 그럴 수도 있습니다. 또 어떻게 표현해야 할지 몰라서 그럴 수도 있습니다. 그럴 때는 아이의 마음을 살펴볼 수 있어야 합니다.

정독을 강조하면서 다독을 소홀히 하여 읽는 책의 권수가 줄어든다면 독서 효과는 급격히 떨어집니다. 한 가지 영양소를 많이 섭취하는 것보다 여러 가지 영양소를 골고루 섭취하는 것이 건강을 유지하는 데 도움이 되는 것처럼, 초등학생 시기에는 다양한 분야에 관심을 갖고 많은 책을 읽는 것이 중요합니다. 책이 좋아서 많이 읽는 아이들은 한 권의 책을 통해 새로운 내용과 분야, 그리고 이와 관련된 책의 존재를 알게 되고, 결국 그 책을 찾아 읽게 됩니다. 그리고 읽었던 많은 책 가운데 좋아하는 책을 반복해서 읽으며 독서의 폭과 깊이를 넓혀 나가게 됩니다.

그렇기 때문에 초등학생 시기에는 정독보다 다독이 더 중요합니다. 다독을 하다 보면 독서 능력이 발달해 자연스럽게 정독을 할 수 있게 된다는 사실도 기억하기 바랍니다.

하루에 몇 권 정도의
책을 읽는 게
좋을까요?

Q. 61

**A. 중요한 것은 '몇 권을 읽었느냐'가 아니라,
'얼마나 이해하며 읽었느냐'입니다.**

초등학생 때는 다른 시기에 비해 상대적으로 책을 읽을 수 있는 시간적 여유가 많습니다. 그러므로 이때 가능한 한 많은 책을 읽어 두는 것이 좋습니다. 하지만 중요한 것은 '몇 권을 읽었느냐'가 아니라, '얼마나 이해하며 읽었느냐'라는 것을 명심했으면 합니다.

같은 학년이라 해도 독서 능력에 따라 초보 독서가일 수도 있고, 숙련된 독서가일 수도 있습니다. 우리는 흔히 고학년이니까 당연히 어려운 책을 읽어야 한다고 생각하기 쉽습니다. 그러나 독서 능력이 갖춰지지 않은 아이에게 어려운 책을 들이밀면 책 읽기 자체가 싫어질 수도 있습니다. 그러므로 아이들에게 책을 권할 때는 아이의 수준을 잘 고려해야 합니다. 아이가 만약 그 학년의 수준에 맞지 않는, 다소 쉬운 책을 고른다면 아직 독서 능력이 거기에 미치지 못하기 때문임을 알아야 합니다. 그렇다고 자기 아이의 독서 수준이 떨어진다고 해서 낙망하면 안 됩니다. 독서에 흥미를 가질 수 있도록 배려하고 지지해 줘야 합니다.

현명한 부모라면 하루에 읽는 책의 권수를 헤아리려고 하지 말아야 합니다. 대신 아이의 독서 수준이나 능력에 따라 아이가 읽어 낼 수 있을 만큼의 책을 권하는 게 좋습니다.

책의 종류에 따라 독서 지도 방법도 달라지나요?

A. 특별한 지도 방법이 있을 리 없습니다.

많은 사람이 고민하는 것, 오해하는 것 중의 하나가 바로 독서 지도 방법에 관한 것입니다. "책의 종류에 따라 독서 지도 방법을 달리해야 하는 건가요?"라며 묻는 사람들도 많습니다. 그러나 학교에서 오랫동안 책 읽기와 책 읽어 주기를 하면서 깨달은 것이 있습니다. 제가 생각해 보니 그런 방법은 있지도 않고, 그럴 필요도 없다는 사실입니다.

책을 어떻게 읽고 받아들일 것인가는 그 책을 읽는 아이의 몫입니다. 책마다 이렇게 읽어라 저렇게 읽어라 지도할 방법이 없습니다. 그리고 엄마는 그런 역할을 하는 사람이 아닙니다. 독서 프로그램을 운영하는 곳에 다니는 것은 도움이 될 수 있습니다. 하지만 마땅한 곳을 찾기 어렵고, 능력 있는 선생님을 만나기도 어렵습니다.

가장 좋은 방법은 아이 스스로 책이 좋아서 읽게 하는 것, 그것만이 유일한 독서 지도 방법입니다. 즐겁게 꾸준히 읽을 수 있도록 하는 것이 중요합니다. 쉬운 일은 아닙니다. 진정성을 갖고 꾸준히 하는 수밖에 없습니다.

독서 습관이
형성되었다는 것은
어떤 의미인가요?

A. 독서 흥미가 높고, 자기에게 필요한 독서 능력을
   갖췄다는 뜻입니다.

매일 아침 운동을 하는 것이나 일찍 잠들고 일찍 일어나는 것, 음식을 가리지 않고 잘 먹는 것, 약속 시간을 잘 지키는 것 등 어떤 행동을 반복해서 계속할 수 있는 몸과 마음을 갖췄을 때, 비로소 '습관이 되었다'고 말합니다. 독서도 마찬가지입니다. 독서를 계속할 수 있는 몸과 마음을 갖췄을 때 독서 습관이 형성됩니다. 독서 습관이 형성되었다는 것은 책 읽기를 좋아해서 스스로 책을 찾아 읽고, 읽는 책의 내용을 이해하고 받아들일 수 있는 능력을 갖추고 있으며, 꾸준히 계속해서 책을 읽는 상태를 말합니다.

'습관'은 능력입니다. '독서 습관'이 들었다는 것은 '독서를 잘 할 수 있는 능력이 몸에 배어 있다'는 뜻입니다.

독서를 잘할 수 있을 때까지는 어려움이 많습니다. 방해도 많이 받습니다. 그 어려움과 방해를 견디고 잘할 수 있게 되어 행동을 반복하는 것을 '습관'이라고 합니다. '독서 습관'도 그런 것입니다.

책을 빠르게 읽는 게
좋은가요,
천천히 읽는 게 좋은가요?

A. 책 읽는 속도는 아이에게 달려 있습니다.

책을 읽는 속도는 중요하지 않습니다. 빠르게 읽고 싶으면 빠르게 읽고, 천천히 읽고 싶으면 천천히 읽으면 됩니다. 또 빠르게 읽고 싶다고 빠르게 읽을 수 있는 것도 아니고, 천천히 읽고 싶다고 천천히 읽을 수 있는 것도 아닙니다.

독서 속도는 이해의 속도인 동시에 흥미의 속도입니다. 이해할 수 없으면 독서 속도가 빨라질 수 없고, 흥미가 없으면 독서 속도가 빨라지지 않습니다. 책 읽는 속도는 아이의 이해와 흥미에 달려 있습니다. 책을 빠르게 읽든 천천히 읽든 그 자체가 아이의 모습입니다. 그리고 그것이 아이의 현재 독서 수준이며, 독서 상태입니다. 최선을 다해 즐겁게 책을 읽어 나가는 모습 자체를 애정 어린 눈으로 지켜봐 주시기 바랍니다.

'슬로 리딩'slow reading, '깊게 읽기', '한 학기 한 권 읽기'는 어떤 개인이 좋아하는 책을 읽는 자연스러운 모습과는 조금 다른 이야기들입니다. 이런 것에 현혹되지 말고 책을 좋아하게 만드는 일을 게을리하지 말기 바랍니다. 책 읽기를 진짜로 좋아하는 아이들은 뭐든 다 됩니다.

책을
소리 내어 읽게
해야 하나요?

A. 책을 소리 내어 읽는 것은 매우 중요한 경험입니다.
하지만 가정에서 지도하는 것은 바람직하지 않습니다.

아이들이 글자를 배우는 과정은 그 글자의 모양과 소리를 익히는 과정입니다. 글자를 읽으면 그 글자에 해당하는 소리가 머릿속에서 떠올랐다가 사라집니다. 이것을 '문자언어가 음성언어로 바뀌는 과정'이라고 합니다. 이러한 과정이 매끄럽지 못하면 책 읽기가 어려워집니다. 아이가 어렸을 때 책을 많이 읽어 줘야 하는 이유는 바로 이 때문입니다.

아이들이 처음 책을 읽을 때는 천천히, 아주 느리게 읽을 수밖에 없습니다. 차츰 시간이 지나면서 정확한 발음으로 빠르게 읽고, 나중에는 소리 내지 않고 눈으로 읽을 수 있게 됩니다. 이렇게 '소리 내지 않고 눈으로 책을 읽는 것'을 묵독^{默讀}이라고 합니다. 묵독을 할 수 있을 때까지 책 읽어 주는 소리를 듣는 일, 스스로 낭독하는 소리를 듣는 일, 꾸준히 책을 읽는 일은 매우 중요합니다. 이런 과정을 충분히 경험해야 책을 잘 읽을 수 있습니다. 묵독을 잘할 수 있습니다. 하지만 이런 과정을 충분히 경험하지 못하면 책 읽기나 묵독을 잘하지 못합니다. 이런 아이들을 위해서는 '소리 내어 책 읽는 훈련'을 하는 것이 좋습니다. 하지만 소리 내어 책 읽는 훈련을 가정에서 하는 것은 별로 좋지 않습니다. 자칫 독서 흥미를 잃을 수 있습니다. 물론 매우 제한적으로 과하지 않게 조심스럽게 시도해 볼 수는 있습니다. 매우 제한적으로 말입니다.

시기적으로는 초등학교 저학년 시기가 권장할 만합니다. 이때 아이와 엄마가 교대로 소리 내어 책을 읽어 보는 활동이 좋습니다. 이렇게 하면 아이 혼자 책을 읽어야 한다는 부담이 줄어듭니다. 그리고 책 속에 들어 있는 글자에 대한 소릿값을 여러 번 정확하게 들을 수 있어서, 책을 좀 더 쉽게 읽을 수 있는 능력과 여건을 만들어 줄 수 있습니다.

옛날 서당에서 '하늘 천, 따 지…', '공자 왈 맹자 왈…' 하며 책을 읽는 것, 초등학교에 입학한 아이들이 '철수야 놀자, 바둑아 놀자' 하며 책을 읽던 것이 낭독에 해당합니다. 낭독은 소릿값을 정확하게 알게 해 주며, 책 읽는 소리를 반복해서 내고 듣게 할 수 있는 활동입니다. 초등학교에서 낭독이 사라진 것은 매우 유감스러운 일입니다. 초등학교 시기에는 의도적으로 낭독하는 노력이 필요합니다.

고학년이 되니까 책을 안 읽어요. 왜 그럴까요?

Q. 66

A. 책을 안 읽는 게 아니라, 못 읽는 것입니다.

실제로 초등학교 고학년 학생들을 조사해 보면 책을 안 읽는 아이보다 못 읽는 아이가 많습니다. 나이는 6학년인데 6학년 수준의 책을 읽지 못하는 것이죠.

독서 수준은 계단 오르기처럼 점진적, 단계적으로 올라갑니다. 어느 날 갑자기 어려웠던 책이 쉬워지지도 않고, 술술 읽히는 일도 없습니다. 독서는 한 계단 한 계단 천천히 계단을 오르듯이 시간과 경험을 쌓아 나가야 하는 활동입니다. 따라서 1학년 때부터(사실은 훨씬 이전부터) 차근차근 읽다 보면 독서의 힘이 길러져, 나중에는 수준에 맞는 책을 읽어 낼 수 있습니다. 오늘 읽은 책이 내일 읽을 책의 바탕이 되듯, 이전에 읽은 책이 다음에 읽을 책의 바탕이 되는 것입니다. 그러니 6학년이 되기 전에 읽은 책이 빈약하다면 6학년이 되어서도 책을 읽을 수 없다는 말입니다. 책을 읽지 않는 고학년 아이들에게 책을 읽히는 방법이란 처음부터 다시 시작하는 것밖에 없습니다. 그림책이든 짧은 동화책이든 현재 자신의 독서 수준에 맞는 책을 읽으며, 책 읽는 재미를 맛보는 것부터 시작해야 합니다.

제가 근무했던 미동초등학교와 서교초등학교, 소의초등학교, 삼각산초등학교에는 고학년이 저학년 아이들에게 책을 읽어 주는 프로그램이 있었습니다. 이 프로그램은 독서 능력이 뛰어난 아이에게도 의미가 있지만, 독서 능력이 떨어지는 아이에게 더욱 의미 있는 활동입니다. 독서 능력이 떨어지는 고학년 아이들의 경우, 자기보다 어린 동생들에게 책을 읽어 주면서 저학년 대상의 책을 함께 읽는 과정에서 자연스럽게 책에 대한 흥미를 높일 수 있기 때문입니다. 주위에 독서 능력이 떨어지는 고학년 아이가 있다면, 저학년 동생들에게 책을 읽어 주는 역할을 경험하게 해 주는 것도 아주 좋은 방법이 될 수 있습니다. '읽어 주면서 읽게 하자!'라는 의미입니다.

책을
띄엄띄엄 읽는데,
어떻게 해야 할까요?

A. 모든 책을 띄엄띄엄 읽는다면 문제가 있습니다.
   아니라면 별 문제가 되지 않습니다.

　우선 모든 책을 띄엄띄엄 읽는지, 아니면 어떤 책을 읽을 때나 특정한 상황에서만 그러는지를 잘 살펴보시기 바랍니다.

　아이가 책을 띄엄띄엄 읽으면 걱정이 되는 게 사실입니다. 책이 너무 재미가 없는 건지, 아이가 침착하지 못한 건지, 아이한테 무슨 문제가 있는 건지 여러 가지 생각이 들곤 하죠. 하지만 꼭 무슨 문제가 있어서 그런 것은 아닙니다.

　우리도 책을 읽다 보면 그냥 띄엄띄엄 읽고 싶은 책이 있습니다. 재미 삼아 읽는 책이나 이미 읽었던 책, 내용이 이어지지 않는 책은 띄엄띄엄 읽어도 문제가 되지 않습니다. 책을 처음부터 끝까지 빠짐없이 읽어야 한다는 법은 없으니까요.

하지만 모든 책을 띄엄띄엄 읽는 것은 문제가 있습니다. 따라서 다음과 같은 몇 가지를 점검할 필요가 있습니다.

첫째, 책을 처음부터 끝까지 읽어 낼 만한 독서 흥미가 없는 건 아닌지 점검해야 합니다. 둘째, 흥미로운 부분만 찾아서 읽는 습관이 있는 건 아닌지 체크해야 합니다. 셋째, 그 책을 이해하고 즐길 만한 능력이 없는 건 아닌지 체크해야 합니다.

만약 이 세 가지 경우 중 해당하는 것이 있다면 단순한 문제가 아닐 수 있습니다. 독서에 흥미가 없거나 독서 능력이 떨어지거나, 독서 수준이 떨어지는 것으로 판단해 볼 수 있습니다. 이런 이유가 아니라면 어떤 책을 띄엄띄엄 읽는 건 큰 문제가 되지 않습니다. 그냥 아이 맘이 그런 겁니다. 아이가 책을 읽다가 중간에 던져 버리고 자꾸 다른 책을 읽기 시작할 때도 같은 원인일 수 있으니 잘 살펴야 합니다.

책을 읽다가 마는데, 괜찮은가요?

**A. 책을 읽다가 마는 것에는 이유가 있습니다.
그 이유를 알아보는 것이 중요합니다.**

습관적으로 책을 읽다가 그만둔다면 독서에 흥미가 없거나 독서 능력이 뒷받침되어 있지 않은 상태라고 볼 수 있습니다. 우선 어떤 종류의 책들은 끝까지 읽고, 어떤 종류의 책들은 끝까지 읽어 내지 못하는지 살펴야 합니다. 책을 읽다가 만다는 것은 그 책 자체에서 흥미를 찾지 못했기 때문일 수도 있지만, 어떤 분야 자체에 흥미를 느끼지 못하기 때문일 수도 있습니다.

그러니까 왜 책을 끝까지 읽지 않느냐고 구박하지 말고, 그 책을 읽다가 덮은 이유가 무엇인지 조심스럽게 물어보세요. 꼬치꼬치 캐묻는다든지 질책하는 느낌을 주면 오히려 역효과가 날 수 있습니다. 부모님에게 감시당하거나 추궁당하는 느낌이 들어서 반항심만 생길 수 있습니다.

먼저 아이와의 관계가 좋고 분위기가 부드러울 때, "지난번에 그 책은 읽다가 말았던데, 무슨 특별한 이유가 있니?"라고 넌지시 물어보면서, 부모로서 걱정되는 마음을 표현해 주는 것이 좋습니다. 그리고 나서 아이가 무슨 대답을 하든지 귀를 기울여 잘 들어 주세요. 대답하지 않더라도 그냥 인정하고 "엄마가 궁금해서 물어본 거야."라고 하며 넘어가는 게 좋습니다. 무슨 말을 하면 "아, 그래!"라며 받아 주시면 됩니다. 그런 다음 "엄마는 네가 책을 읽을 때가 가장 기뻐, 무슨 이유가 있나 싶어서 물어본 거야."라고 하시면 됩니다. 압박감이나 몰아붙이는 느낌은 안 좋습니다.

읽기 시작한 책을 끝까지 읽는 것이 좋지만, 억지로 강요할 생각은 없다는 것을 확실히 해야 합니다. 다만 읽을 수 있다면 끝까지 다 읽었으면 좋겠다는 마음을 간접적으로 표현하는 정도가 좋습니다.

중얼중얼 소리를 내며 책을 읽어요. 왜 그럴까요?

Q. 69

A. 심각하게 걱정할 일은 아닙니다. 하지만 독서 능력이
발달되어 있지 않다는 증거입니다.

중얼중얼 소리를 내며 책을 읽는다는 것은 눈으로 책을 읽을 만큼 독서 능력이 발달되어 있지 않다는 증거입니다. 책을 읽을 때 눈으로만 읽어서는 집중이 되지 않고, 어휘나 문장이 머릿속에 빨리 들어오지 않기 때문입니다. 계속 그렇게 읽는다면 유심히 살펴볼 필요가 있습니다.

연세를 드신 어르신들이 신문이나 책을 읽을 때 중얼중얼하면서 읽는 것도 그 같은 이유입니다. 젊을 때는 뇌 기능이 활발하므로 소리 재생 능력이 좋습니다. 그러니 입으로 소리를 내지 않아도 괜찮습니다. 그런데 나이가 들면 뇌 기능이 떨어져 자연히 소리 재생이 되지 않습니다. 따라서 입으로 소리를 내게 되는 것입니다.

하지만 이 단계가 지나야 다음 단계로 넘어갈 수 있다는 사실도 명심해야 합니다. 그러니 무턱대고 막으면 안 됩니다. 아이의 독서 수준을 잘 살펴보면서, 독서 능력 향상을 위한 개별적인 노력을 계속해 나가야 합니다.

음악을 들으면서
책을 읽는데,
괜찮을까요?

**A. 심리적으로 안정감을 느끼고 있다면 크게 걱정하지
않아도 됩니다.**

　많은 부모님이 음악을 들으면서 책을 읽으면 집중력이 떨어져 책의
내용을 제대로 받아들이지 못한다고 생각합니다. 하지만 책을 읽는 아
이가 음악을 들으며 심리적으로 안정감을 느낀다면 크게 걱정하지 않아
도 됩니다.

　어찌 보면 이것은 개인적인 성향일 수 있습니다. 너무 조용한 곳에서
는 공부가 안 되는 사람도 있으니까요. 책을 읽는데 주변이 너무 조용해
서 심리적으로 허전한 마음을 극복하기 위해 음악을 틀어 놓는 아이들
도 있습니다. 요즘에는 공부도 독서도 카페에 가서 하는 문화와 경향이
있는 것만 봐도 큰 문제가 아니라는 걸 알 수 있습니다. 제 경험을 이야

기하면, 카페에 가서 원고를 써 보니 주변 사람들의 시선을 의식하게 되어 좀 더 집중하게 되는 장점이 있었습니다.

책 읽는 것 자체가 즐겁고 재미있다면 함께 음악을 들으며 읽는 것은 큰 문제가 되지 않습니다.

밥을 먹을 때
책을 읽는 것은
어떻게 이해해야 하나요?

A. 고민되는 일이지만 인정하고 허용해 줘도 좋습니다.

아이가 밥을 먹으며 책을 읽는데, 어떻게 해야 하냐는 질문을 하는 엄마들이 꽤 많습니다. 아이들은 어른들처럼 똑바로 앉아서 밥을 먹는 것에는 관심이 별로 없고, 밥을 먹으면서도 뭔가를 하고 싶어 합니다. 그래서 밥을 먹으면서 책을 보기도 합니다. 이런 모습을 보면 엄마 아빠들은 걱정이 앞섭니다. '저런 습관이 계속되면 어쩌나? 식사 습관이 저러면 안 되는데…' 하고 말입니다.

부모님들이 걱정할 만합니다. 어릴 때 습관이 평생 간다는데 말이죠. 부모님들의 마음은 충분히 이해합니다.

하지만 부모님들은 우리 아이가 전에는 밥도 잘 먹고 식사 예절도 좋았는데, 최근 들어서 갑자기 그러는지, 아니면 원래 식사 습관이 그랬는지 압니다. 당연히 알 수 있죠.

아이들이 이런 모습을 보이면 먼저 읽는 책의 수준을 살펴봐야 합니다. 읽는 책의 수준이 제법 높고, 책 읽는 것이 재미있어서, 책 읽기를 멈출 수 없어서 그러는 것이라면 걱정을 안 해도 됩니다. 인정해 줘도 됩니다.

"엄마는 밥을 잘 먹고 나서 책을 읽었으면 좋겠지만, 지금 꼭 읽고 싶다면 읽어도 좋아. 하지만 식사 습관이 나빠지거나 밥을 제대로 먹지 않을까 걱정이 돼."

이 정도로 엄마의 마음을 표현하고 인정해 주는 것도 좋습니다. 책에 빠지는 시기에 일어나는 일이라면 그렇게 심각한 일이 아닙니다. 이런 현상은 금방 지나가기도 합니다. 걱정하지 말고 책 읽는 것을 응원하고 지지해 줘도 좋습니다.

하지만 밥이 먹기 싫어서, 또는 무엇에 집중할 수 없어서 그렇게 하는 거라면 이야기는 달라집니다. 그럴 땐 이렇게 말하는 게 좋습니다.

"책 읽는 것을 잠시 멈췄으면 해. 밥을 다 먹고 나서 책을 읽는 게 좋겠다."

그러니 엄마들은 쉽지 않습니다. 이런 것을 잘 구분할 수 있는 안목도 있어야 하고, 마음에 안 들어도 참아 내며 기다리는 인내심도 갖춰야 합니다. 거기다가 자애로움과 엄격함도 갖춰야 하니 말입니다.

책 읽기 자체보다
책을 몇 권 읽었는지에
더 관심이 많은데, 왜 그럴까요?

A. 혹시 부모님이나 선생님의 관심이 실적에 있는 건
   아닌가요?

　일반적으로 부모님이나 선생님이 독서량, 즉 독서 실적이나 결과에
관심을 두지 않으면, 아이들은 절대로 그런 것에 관심을 갖지 않습니다.
만약 아이가 독서량에 집착한다면, 부모님이나 선생님으로부터 인정받
고 싶은 마음 때문일 가능성이 높습니다. 책을 많이 읽으면 부모님이나
선생님이 좋아한다는 사실을 알고 있기 때문이죠. 그래서 책 읽기 자체
보다 책을 몇 권 읽었는지에 더 관심을 갖는 것입니다.

　이런 아이에게는 책을 많이 읽는 것보다 책 읽기 자체를 즐기는 것이
중요하고, 부모님이나 선생님 역시 그것에 더 관심을 갖고 있다는 것을
알려 줘야 합니다. 독서량이나 결과에 대한 집착은 버려야 합니다. 학교

나 가정, 학원 등에서 스티커를 활용해 얼마나 책을 읽었는지 체크하고 그에 따라 상을 주는 방식 등이 그것입니다.

실적을 중시하면 아이들은 편법을 사용할 수도 있습니다. 건성건성, 빨리빨리, 띄엄띄엄, 이것저것 읽는 모습도 실적을 강조하는 어른들 때문에 그런 것일 수 있습니다.

형과 동생에게 함께
책을 읽어 줘도
되나요?

A. 아주 바람직하지는 않습니다.

집에서 책을 읽어 주고 싶은데 두 아이 모두에게 따로따로 읽어 주기는 어려울 때, 한자리에 앉혀 놓고 한꺼번에 읽어 주고 싶은 마음이 들 수도 있습니다. 하지만 이는 바람직한 방법이 아닙니다.

아이는 이 책이 엄마가 나를 위해 읽어 주는 책인지, 동생이나 형을 위해 읽어 주는 책인지 구분하고 싶어 합니다. 나만을 위한 엄마의 사랑을 확인하고 싶어 하는 겁니다. 동생이나 형이 좋아하는 책만 읽어 주면 자신은 덤이라는 생각이 들어 흥미가 떨어지고 실망감을 줄 수 있습니다. 좋아하는 책을 번갈아 읽어 준다고 해도 마찬가지입니다. 절반의 만족감만 얻게 됩니다.

나이 차이가 적거나 평소 아이들 사이가 좋고 서로 책을 읽어 주는 데 익숙하다면 가끔 함께 읽어 주는 것도 괜찮습니다. 하지만 일반적으로는 두 아이 모두에게 절반의 만족감과 실망감을 안겨 줄 수 있으니 주의하시기 바랍니다.

상황에 따라 함께 읽어 줄 수는 있겠지만, 따로 읽어 주는 것을 원칙으로 해야 합니다. 엄마를 독차지하고 싶은 아이들의 마음을 잘 살펴야 합니다.

책 읽기, 어떻게
지도해야 하나요?

책은 잘 읽는데
성적이 오르지 않아요.
왜 그럴까요?

Q. 74

A. 평생 책 읽는 사람으로 키울 것인지,
눈앞의 시험 점수에 얽매이는 사람으로 키울 것인지는
부모님의 선택에 달려 있습니다.

책을 좋아하고 잘 읽어서 이해력이 뛰어난 아이도 시험 성적을 잘 받으려면 별도의 노력을 해야 합니다. 시험에는 시험의 법칙이 있습니다. 개념에 대해 정확히 이해해야 하기도 하지만, 출제자의 의도를 파악하고, 다양한 문제를 풀어 보면서 출제 유형을 익혀야 하죠. 책을 읽는 것이 공부를 잘하는 데 도움이 되는 것은 확실하지만 시험을 위한 공부는 따로 있다는 것도 맞습니다. 우리나라의 학교 공부, 학교 시험, 대학 입학시험은 특히 그렇습니다.

제 경험을 소개하는 게 도움이 될 듯합니다. 제 큰딸은 책 읽기를 무척 좋아하고 책을 잘 읽는 아이였지만, 초등학교 때 성적이 아주 뛰어난 아이는 아니었습니다. 시험공부를 좀 했다 싶으면 95점을 맞기도 하고 그렇지 않으면 85점을 맞기도 하는, 그리 뛰어나지도 그리 모자라지도 않은 학습 능력을 갖고 있는 학생이었죠. 물론 다른 아이들처럼 학원에 가서 시험 대비 수업을 받았다면 더 좋은 성적을 얻을 수도 있었겠지만 저는 그대로 뒀습니다. 그것은 아이에 대한, 그리고 아이가 좋아하는 책 읽기에 대한 믿음이 있었기 때문입니다.

딸아이가 중학교에 올라갔을 때는 조금 힘들어했습니다. 자기는 초등학교 때 신나게 책 읽으며 놀기만 했는데, 친구들은 엄청난 시간을 공부와 시험에 쏟아 왔으니까요. 하지만 아이는 기죽지 않았고, 친구들의 학습량을 따라가기 위해 열심히 공부하기 시작했습니다. 틈틈이 책도 읽고, 다양한 활동도 하며, 스스로 알아서 공부도 잘해 내더군요.

평생 책 읽는 사람으로 키울 것인지, 눈앞의 시험 점수에 얽매이는 사람으로 키울 것인지는 부모님의 선택에 달려 있습니다. 저는 전자를 선택했습니다. 그 선택은 아직도 후회가 없습니다. 80점 맞는 아이를 90점으로 올리고, 90점 맞는 아이를 100점으로 올리는 것도 좋지만, 그보다 중요한 것은 긴 인생을 살아가는 데 필요한 여러 가지 밑천을 쌓게 해 주는 일이 아닐까요? 앞으로 긴 인생을 살아가야 할 아이들에게 중요한 밑천 중 하나가 책을 읽는 것입니다. 독서는 밑천입니다. 든든한 밑천입니다.

책은 잘 읽는데
글쓰기를 어려워해요.
그 이유가 뭘까요?

**A. 독서와 글쓰기는 서로 연관이 있기는 하지만
서로 다른 능력입니다.**

읽기, 말하기, 쓰기는 언어를 매개로 하는 사고 활동이라는 공통점을 갖고 있습니다. 또한 독서는 말하기와 글쓰기에 좋은 영향을 끼칩니다. '문장은 눈과 귀로 들어와서 혀와 펜으로 나간다'는 말이 있지요. 실제로 좋은 문장을 많이 읽다 보면 나중에 자신의 말과 글을 표현할 때 큰 도움이 됩니다.

하지만 독서를 통해 아무리 좋은 문장을 많이 알고 있더라도 실제로 그것을 말해 보거나 써 보는 연습을 하지 않으면, 말하기든 글쓰기든 잘할 수 없습니다. 독서를 많이 하는 것이 글쓰기에 도움이 되긴 하지만, 독서 능력이 곧바로 글쓰기 능력으로 이어지지는 않기 때문입니다. 따라서 글쓰기를 잘하려면 어렸을 때부터 관심을 갖고 꾸준히 연습하는 것이 중요합니다.

그중에서도 누구나 쉽게 시작할 수 있는 것이 바로 일기 쓰기입니다. 일기 쓰기에 대한 잘못된 인식과 지도 방법 때문에 오해도 많습니다. 일기는 내 이야기를 쓰는 것입니다. 하루에 있었던 일을 쓰거나 쓰고 싶은 내용을 자유롭게 쓰는 것입니다. 하지만 '느낌을 써라, 반성해라, 내일 계획을 써라, 특별한 내용을 써라, 매일 반복되는 이야기는 쓰지 마라, 나는 ~이라는 말을 쓰지 마라' 등의 간섭과 요구 때문에 아이들이 글쓰기를 싫어하게 됩니다. 일기(내 얘기)를 잘 쓰기까지는 상당한 시간이 필요합니다. 그때까지는 기다려 줘야 합니다.

일기 쓰기를 통해 매일 자신에게 일어난 일을 짧지만 솔직하게 조금씩 꾸준히 써 나가는 훈련을 하면, 글쓰기에 자신이 생기고, 독서를 통해 얻은 다양한 문장도 활용해 볼 수 있습니다. 그러나 일기 쓰기를 꾸준히 하는 것은 쉽지 않은 일입니다. 날마다 무엇인가를 써야 하는 일은 어른들도 하기 힘든 일입니다. 그렇지만 어려서부터 한 줄 쓰기, 두 줄 쓰기로 시작해 짧은 일기부터 열심히 써 나가면 충분히 가능한 일입니다.

일기는 자신의 삶에 관심이

있어야만 쓸 수 있는 글입니다. 자신의 삶에 대해 솔직하게 쓰려는 노력이 중요합니다. 그러나 이 글을 쓰고 있는 저나, 글을 읽고 있는 부모님들도 일기를 잘 쓰지 않습니다. 그러니 아이들에게도 강요하면 안 된다고 하는 분들도 있지요. 그 말도 맞습니다. 하지만 '하다 보면 좋아지고, 좋아지다 보면 잘하게 되는 일'도 많습니다. 그러니 싫어하지 않게 하면서 쓰는 연습을 하도록 만들어야 하겠지요.

책을 잘 읽는다고 저절로 글쓰기도 잘할 거라고 생각하면 안 됩니다. 좋은 어휘와 문장을 많이 얻을 수 있는 독서를 열심히 하고, 그와 함께 글쓰기 연습도 꾸준히 해야 자신의 생각을 정확하고 아름답게 표현할 수 있습니다.

Q. 76

독후 활동은
얼마나 하는 게 좋을까요.
많이 할수록 좋을까요?

A. 독후 활동은 약이 될 수도 있고, 독이 될 수도 있습니다.

　책을 읽고 난 뒤 독서의 경험을 더욱 풍부하게 하기 위해 독후 활동을 하는 것은 분명히 의미 있는 일입니다. 하지만 주객이 전도되어서는 안 됩니다. 독후 활동을 하기 위해서 책을 읽거나, 독후 활동이 부담되어서 책을 읽지 않는다면 문제가 있다고 판단해야 합니다. 독후 활동으로 독서에 대한 흥미가 줄어들거나 독서를 하는 태도가 나빠진다면 과감히 줄이거나 그만둘 수 있어야 합니다. 그렇지 않으면 독후 활동을 통해 얻으려 했던 본래 의미가 퇴색되고 맙니다. 독후 활동은 많이 하는 게 중요한 게 아니라, 어떻게 하느냐가 중요합니다.

독후 활동에 대한 기본적인 마음가짐은 사람마다 다릅니다. 책 한 권을 읽고 반드시 독후 활동을 해야 한다고 믿는 사람도 있고, 독후 활동이 독서교육의 가장 중요한 본질이라고 생각하는 사람도 있습니다. 이런 것을 잘못된 생각이라 단정할 수는 없습니다. 다만 독후 활동이 갖는 한계와 부작용이 있을 수 있으니 깊이 생각해 보자는 것입니다. 더구나 하루에 여러 권의 책을 읽기도 하는 저학년 시기에는, 부담이 될 만큼의 독후 활동은 분명 '독'이 될 수 있음을 명심해야 합니다.

제가 다녔던 대학 도서관 책상에는 "책을 읽고 사색을 하지 않으면 밥을 먹고 소화를 시키지 않은 것과 같다."라는 문구가 작은 나무토막에 새겨져 있었습니다. 제 속이 더부룩해지는 느낌까지 받을 정도로 저를 압박한 말이었습니다. 분명 좋은 말이며 맞는 말입니다. 그러나 지금 와서 가만히 생각해 보니 그 말은 어른들에게 하는 말이었습니다. 이런 논리를 아이들에게 적용하는 것이 문제입니다. 아이들은 자기가 좋아하는 책을 그저 즐겨 읽으면 됩니다. 그것이 가장 좋습니다. 자기가 좋아하는 음식을 기쁜 마음으로 음미하면서 적당히 먹는데 소화가 되지 않을 리 있나요? 우리가 먹은 음식이 소화가 되는 것은 너무 당연한 일입니다. 소화시키기 위해 음식을 먹지는 않습니다. 우리는 음식 먹는 일 자체에서 즐거움을 찾을 뿐입니다.

이는 독서를 바라보는 시각과 마찬가지입니다. 독서를 하면서 얻는 기쁨과 즐거움에 중심을 두는 것과 공부(학습)에 도움이 되기 위해 책을 읽는 것을 구분할 필요가 있습니다. 기쁘고 즐겁게 책을 읽다 보니 공부에도 도움이 되는 것은 매우 바람직한 일입니다. 하지만 공부에 도움이 되기를 바라는 마음을 앞세운 채 책을 읽는 것은 문제가 있습니다.

한 가지 더 생각할 점이 있습니다. 독후 활동의 본질이 무엇이냐는 겁니다. 예를 들면 독후감 쓰기, 독서 퀴즈 풀기, 그림 그리기, 독서록 쓰기, 독서 일기 쓰기, 주인공에게 편지 쓰기, 뒤 이야기 이어 쓰기, 토의·토론하기, 짧은 글짓기 등 매우 많은 독후 활동이 있습니다. 모두 좋은 활동으로, 아이들에게 도움이 됩니다. 하지만 모든 아이에게 이런 활동이 필요한 건 아니고, 책을 읽을 때마다 꼭 해야 할 필요도 없습니다. 물론 아이가 즐겨하거나 잘할 수 있다면 문제 될 것도 없습니다.

그런데 이런 활동을 하는 배경이 부모님과 선생님의 욕심 또는 강박에 가까운 생각에 바탕을 둔 것이라면 위험합니다. 우리나라의 부모님과 선생님들이 유독 이런 경향이 강합니다. 걱정스러운 부분입니다. 이런 것들 때문에 책 읽기 자체를 싫어할 수도 있음을 알아야 합니다. 가장 좋은 것은 기쁘게 책을 읽을 수 있도록 하는 것, 책을 즐겨 읽도록 하는 것입니다.

독후감 쓰기를
어려워하는데 어떻게
도와줘야 할까요?

A. 독후감 쓰는 횟수를 줄이고 어떻게 써야 하는지
   차근차근 알려 주세요.

독후감을 쓴다는 것은 독서 행위에 대한 기록을 남긴다는 점에서 의미가 있고, 책을 읽으면서 자신이 느낀 것과 생각한 것을 정리해 볼 수 있다는 점에서 매우 바람직한 독후 활동입니다. 하지만 감상문을 쓰는 것은 누구에게나 쉬운 일이 아닙니다. 어른들에게 영화를 볼 때마다 감상문을 쓰라고 하면 아예 영화를 보지 않을 사람이 꽤 있을 겁니다. 아이들도 똑같습니다.

책을 볼 때마다 감상문을 써야 하다니, 별로 쓰고 싶은 마음도 없고, 독후감 쓰는 것도 쉽지 않은 아이들에게는 정말 큰 부담일 겁니다. 그러므로 독후감 쓰기를 어려워하는 아이들에게는 독후감 쓰는 횟수를 줄이고, 어떻게 써야 하는지 차근차근 알려 줘야 합니다. 비교적 쉽고 간단한 독후감 쓰기 지도 방법을 한 가지 소개하겠습니다. 하지만 아래 내용 전부가 꼭 들어가야 한다는 뜻은 아닙니다.

❶ 책 제목, 글쓴이, 그린이, 출판사 등 간단한 책에 대한 정보를 씁니다.

❷ 책을 읽게 된 동기를 씁니다. "친구와 함께 서점에 갔다가 발견한 책"이라든지, "사촌 언니에게 선물로 받은 책"이라든지 여러 가지가 있을 수 있겠죠. 하지만 이렇게 동기를 쓰라고 하면 억지로 거짓 동기를 만들어 꾸며 쓰는 경우가 있습니다. 아이에게 특별한 동기가 없을 때는 쓰지 않아도 된다고 말해 주세요.

❸ 이 책을 읽기 전에 가졌던 기대나 생각, 느낌을 씁니다. "주인공이 펼칠 모험이 기대되었다", "슬픈 이야기일 것 같았다" 등 솔직하게 쓰면 됩니다. 역시 이것도 쓸거리가 있을 때 써야 합니다. 없으면 안 쓸 수도 있습니다. 아이들은 대부분 독후감을 숙제나 과제로 쓰기 때문에 이런 동기가 없을 수도 있습니다.

❹ 책을 읽으면서 마음에 들었던 구절이나 기억에 남는 문장을 서너 개 정도 골라 써 봅니다. 이 문장들이 독후감의 중심 내용이나 주제가 될 수 있습니다.

❺ 책에서 골라낸 구절이나 문장이 마음에 들었던 이유를 쓰고, 이것과 관련된 나의 경험을 찾아 써 봅니다. 경험을 억지로라도 찾아보게 하는 훈련을 거치는 것이 글쓰기를 잘하는 데 도움이 됩니다. 이렇게 삶의

경험을 살려 글을 쓰면 내용이 더욱 풍부해집니다. 예를 들면 다음과 같습니다.

"'느티나무가 한 그루 서 있는 동네 어귀에 다다르니 어릴 적 엄마 생각이 났다'는 문장을 읽고 나도 비슷한 이야기를 들었던 기억이 났다. 시골 할머니 댁 근처에 커다란 느티나무가 서 있었는데, 우리 엄마도 그 느티나무를 보면 외할머니가 생각난다고 하셨기 때문이다."

❻ 지은이가 이 책에서 어떤 이야기를 하려고 했는지 생각해 봅니다. 그리고 그 내용을 두세 줄 정도로 정리해서 씁니다. 책의 종합적인 느낌을 쓰는 것인데, 내 입장이 아니라 지은이의 입장에서 생각해 보는 것이 중요합니다.

❼ 마지막으로 이 책을 읽고 난 뒤 어떤 마음이 들었는지, 무엇을 하고 싶어졌는지 등 짤막하게 자신의 생각을 씁니다.

위의 순서대로 써 내려가다 보면, 노트 한 페이지를 채우는 일도 그리 어렵지 않습니다. 원고지로는 6~7매 정도 되겠지요. 이처럼 독후감을 쓰는 구체적인 방법을 알려 주는 것이 좋습니다. 위에 제시된 번호의 순서를 하나둘씩 바꾸어도 좋습니다. 하나씩 차근차근 해 보면 의외로 독후감 쓰기가 쉽다고 느낄 것입니다. 물론 이것도 왕도는 아닙니다. 독후감 쓰기의 한 방법일 뿐입니다. 무조건 쓰라고만 하지 말고 부모님이 이끌어 준다면 아이들은 독후감을 쓸 수 있는 용기가 생길 것입니다.

부담 없이 할 수 있는 독후 활동을 추천해 주세요

A. 이야기 나누기, 토의, 토론을 권합니다.

　　독후 활동은 책 속에서 읽은 내용을 확인하거나 경험을 확장한다는 점에서 의미가 있습니다. 하지만 활동 위주가 아닌 과제 해결 위주로 하다 보면 아이들에게 부담이 될 수 있습니다.

　　그래서 저는 독후 활동 중에서도 독서 토론을 권하고 싶습니다. 독서 토론은 읽은 내용을 확인해 본다는 점에서도 중요하지만, 다른 사람의 의견이나 생각을 확인해 보는 과정에서 또 다른 지식을 생산하거나 좋은 영향을 줄 수 있어 매우 의미 있는 활동입니다. 그러나 이것 역시 억지로 부담을 갖고 참여하게 하면 역효과가 날 수 있습니다. 같은 책을 읽고 여럿이 함께 생각과 느낌을 나눈다고 생각하며 편안한 마음으로 참여하도록 해 주세요.

토의·토론이라고 하면 형식을 강조하기 쉽습니다. 형식을 갖춘 토의·토론을 할 때도 있습니다. 하지만 가정에서나 학교에서 할 수 있는 것은 이야기 나누기입니다. 특히 가정에서는 그냥 잔잔히 이야기 나누기로 이해하시면 됩니다.

아이가 하고 싶은 말을 들어주고 받아 주는 것이 첫걸음입니다. 아이가 책을 읽고 나서 무슨 얘기를 하면 '아, 그랬어?', '그랬구나!', '와, 좋겠다' 등의 추임새만 넣어 주면 됩니다. 자꾸 말하고 싶어지게 만드는 것입니다. 말하고 싶어지길 기다리는 것입니다. 말하고 싶어지고, 말할 사람이 있으면 이야깃거리를 찾아 기억하기도 하고, 찾아내려고 노력하기도 합니다. 이게 중요합니다. 책을 읽을 때와 실제 생활이 연결되는 순간이 중요한 거죠. 그 순간은 책과 나, 책과 나의 생활이 연결되는 순간입니다. 이런 순간을 강화시켜 주는 역할을 부모님이나 선생님이 해야 합니다. 그 순간이 이야기 나누기, 토의, 토론이 되는 것입니다. 그런 능력과 마음 상태가 충분할 때 글쓰기도 가능해집니다.

할 말도 없고, 느낀 점도 없는데 어떻게 말을 할 수 있을까요? 어떻게 글로 쓸 수 있을까요? 그냥 편안하게 잔잔히 이야기를 나누는 일이 독후 활동의 시작이고, 완성일 수 있습니다.

독서가
인성 교육에
도움이 되나요?

**A. 독서를 통해 사람이 사람답게 사는 데 필요한
인성과 품성을 충분히 배울 수 있습니다.**

인성 교육을 무엇으로 정의하느냐에 따라서 답이 달라질 수 있지만, 저는 '사람이 사람답게 살아갈 수 있는 마음의 상태 또는 그러한 능력을 갖추는 일'이라고 생각합니다. 그러므로 인성 교육이라 하면 사람이 갖추어야 할 덕목을 가르치는 교육이라고 말할 수 있겠죠.

아이들은 보통 이러한 것들을 주위 사람들의 말과 행동을 보고 배우는데, 특히 부모님의 말과 행동은 아이에게 큰 영향을 미칩니다. '아, 저런 경우에는 저렇게 말하고 행동해야 하는구나!' 하고 생각하며 배우게 되는 것이죠. '아이 앞에서는 냉수도 함부로 못 마신다'는 말도 그래서 나온 겁니다.

또 다른 방법은 책을 통해 다른 사람들에 관한 이야기를 읽거나 들으면서 배우는 방법입니다. 이야기 속에는 다양한 사람들의 삶이 녹아 있습니다. 영웅의 이야기, 가난한 소년의 이야기, 제비와 대화를 하는 왕자님, 고아 소년의 모험기, 할아버지와 함께 살아가는 소년, 멀리 떠난 엄마를 찾아가는 소년, 박 속에서 보물을 얻는 흥부, 고생하다 성공하는 청년 등 많은 사람이 나옵니다. 아이들은 이러한 이야기를 통해 의사 결정 방법, 문제 해결 방법 등을 배워 나갑니다.

사람은 기본적으로 다른 사람의 삶에 관심이 많습니다. 사회적인 동물이라는 의미가 바로 이것입니다. 이야기를 통해 다른 사람들의 삶을 엿보면서 자기 삶에 필요한 것을 얻거나 배웁니다. 아이들도 마찬가지입니다. 독서를 통해 사람답게 살아가는 데 필요한 인성과 품성을 충분히 배울 수 있습니다. 어쩌면 독서가 가장 좋은 인성 교육이라고 해도 지나친 말은 아닙니다.

책에 나오는
등장인물의 나쁜 행동을
배우지 않을까요?

A. 좋은 행동을 더 많이 배웁니다.

대부분의 아이들에게는 책 속에 등장하는 인물들의 좋은 행동과 나쁜 행동을 가려낼 능력이 있습니다. 간혹 등장인물의 나쁜 행동을 따라 하는 아이가 있긴 하지만, 대부분의 아이들은 등장인물의 좋은 행동을 닮으려고 노력합니다. 그러니 못된 짓을 일삼는 등장인물의 행동을 보며, 혹시나 아이들이 따라 하지 않을까 걱정할 필요는 없습니다.

오히려 조심해야 할 것은 못된 등장인물이 나오는 책이 아니라, 전체적인 내용이나 주제가 나쁜 책입니다. 아이들의 감정을 상하게 하거나, 지나치게 비속어를 사용하거나, 어둡고 음습한 책, 내용에 일관성이 없고 나쁜 가치관을 담고 있는 책 등입니다. 이런 책을 아이들이 읽지 않도록 세심하게 살펴야 합니다. 다행히 여러 기관과 도서관에서 아이들을 위해 좋은 책을 선정해 발표하고 있습니다. 그런 책들을 읽을 수 있도록 하면 걱정할 일이 없습니다.

책에 나오는 내용이나 다른 사람의 행동에서 어떤 면을 받아들일 것인지 결정하는 요인은 아이러니하게도 '자존감'이라는 심리 상태에 달려 있습니다. 자존감이 좋은 아이는 긍정적인 면을 받아들이고, 자존감이 낮은 아이는 부정적인 면을 받아들일 가능성이 있습니다. 자존감을 높이는 방법은 부모가 자녀에게 사랑과 관심을 많이 주는 것입니다. 그러니 '사랑이 없으면 아무것도 아닙니다'라는 말이 있는 것입니다.

책의 내용과 현실을 구분하지 못하는 것 같아요. 왜 그럴까요?

A. 두 가지 경우를 생각해 볼 필요가 있습니다.

책의 내용과 현실을 구분하지 못한다는 것은 크게 두 가지 면에서 생각해 볼 수 있습니다.

첫째, 책의 내용에 너무 깊이 빠져 현실과 책의 내용을 구분하지 못하는 것처럼 보일 수 있습니다. 상상의 세계에 너무 몰입한 나머지 그렇게 보일 수 있다는 거죠. 실제로 몰입은 시간과 공간이 왜곡된 상태, 또는 왜곡될 수 있을 정도로 깊이 빠져 있는 상태를 말하기도 합니다. 그렇기 때문에 책의 내용과 현실을 구분하지 못하는 것도 일종의 몰입 상태로 볼 수 있습니다. 풍부한 상상력을 통해서 현실 너머 자유로운 상상의 세계를 마음껏 여행하고 있다는 겁니다. 주로 초등학교 고학년 시기에 판타지 소설을 읽는 독서 능력이 뛰어난 아이들에게서 나타나는 현상입니다.

둘째, 책의 세계에 몰입하는 게 아니라 책의 내용과 현실 자체를 구분하지 못할 수 있습니다. 사물이나 상황에 대한 판단력이 부족한 경우입니다. 『슈퍼맨』을 읽고 아이가 슈퍼맨처럼 날고 싶다며 높은 곳에서 뛰어내리는 상황을 예로 들 수 있습니다. 물론 어린아이일 경우에는 그런 생각을 할 수도 있습니다. 미취학 아동이나 초등학교 저학년 시기에는 주인공을 흉내 내면서 노는 것이 일반적인 특성이기 때문입니다. 또한 독서 수준이 높고 부모와의 관계가 좋은 아이들의 경우에는 초등학교 고학년이라고 해도 큰 문제가 되지 않습니다.

하지만 평소에 부모와의 관계도 나쁘고, 독서 수준도 높지 않다면 전문가 상담을 받아 볼 필요가 있습니다. 단순히 판단력이 부족한 게 아니라, 정신적으로 발달이 덜 되어 있거나 지능이 떨어지는 것일 수 있습니다. 이런 경우 부모님의 세심한 관심과 도움이 필요합니다. 실제로 현실에서 관계 맺기가 잘 안 되는 아이들이 책으로 숨어 버리거나 상상의 세계인 판타지 세계에 빠져 버리는 경향이 있습니다. 내 아이에 대한 깊은 관심과 올바른 판단만이 아이들을 잘 이끌어 줄 수 있습니다.

책을 많이 읽으면
사회성이 떨어진다던데
사실인가요?

**A. 사회성이 떨어지는 아이가 책벌레가 될 수는 있습니다.
하지만 책을 많이 읽는다고 사회성이 떨어지지는 않습니다.**

사회성이 떨어지는 아이가 책벌레가 될 수는 있습니다. 그런데 책을 풍부하게 많이 읽은 아이가 사회성이 떨어진다는 개연성은 없습니다.

인간관계는 매우 복잡하고 변화가 심하기 때문에 인간관계에서 어려움을 겪는 아이들이 책으로 숨어 버리거나 책에 빠져 지내는 경우가 있습니다. 하지만 부모와 관계가 좋고 좋은 독서 환경 속에서 책을 많이 읽은 아이가 사회성이 떨어지는 경우는 매우 희박합니다. 사회성에 어려움을 겪는 아이들이 피난처로 책으로 숨어 버릴 가능성이 있다는 것을 염두에 두고, 아이들의 생활과 행동을 살피고 지켜봐 주시면 됩니다.

아이가 책을 보다가 제가 모르는 걸 질문할 때는 어떻게 해야 하나요?

Q. 83

A. 모르는 것은 솔직하게 모른다고 이야기하는 것이 좋습니다.

솔직하게 대답하는 것이 좋다는 것은 모두가 아는 사실입니다. 그런 질문을 받았을 때는 충분히 대답해 줄 수 있는 것은 대답해 주고, 대답이 충분하지 않은 것 같으면 다른 책을 함께 찾아보며 독서 활동이 이어질 수 있도록 유도하면 됩니다.

중요한 것은 질문에 대한 답이 어디에 있을지 알려 주는 것입니다. 또한 세상의 모든 지식은 서로 연결되어 있으며, 그것을 찾는 방법 중 하나가 독서라는 사실을 알려 주는 것입니다. 그러므로 아이가 모르는 것을 질문하더라도 당황하지 말고 '네가 알고 싶은 모든 것이 책 속에 들어 있다'는 사실을 명확하게 전해 주시기 바랍니다.

아이의 독서 능력을
검사할 필요가
있을까요?

A. 한마디로 대답하기는 어렵습니다. 필요하다면
　　검사를 받아도 좋습니다.

　독서 검사는 일부 아이들에게는 필요할 수 있습니다. 하지만 필요한 아이를 제외하면 굳이 할 필요는 없습니다.

　다음 중 독서 능력을 검사하고 싶은 마음이 드는 아이는 누구일까요?

- 책을 좋아하고 잘 읽고 있는 아이
- 책을 안 읽는 아이 또는 읽었다고는 하는데 내용을 잘 모르는 아이

　누구나 두 번째 아이라는 걸 알 것입니다. 시중에 독서 능력 검사, 독

서 능력 진단 검사라고 불리는 검사들이 있습니다. 사설연구소나 교육청에서 제공하는 것도 있습니다. 검사의 내용은 독서 흥미, 독서 능력, 언어 능력, 독해력(문해력), 이해력 등에 대한 문항에 응답하는 형식입니다. 검사를 하면 독서에 대한 특성, 강점이나 취약점 등의 결과를 받아 볼 수 있습니다.

이런 검사를 누구나 받을 필요는 없습니다. 책을 잘 읽지 않고 있거나 책 읽기를 어려워하는 아이들은 진단과 처방을 받기 위해 진짜 전문가, 곧 '사업성이 없고, 아이들의 미래를 걱정하며, 아이들이 책을 좋아하기를 바라는 마음이 있으며, 책 읽기나 책 읽어 주기에 대해 전문적인 식견이 있는 사람'의 안내를 받아 매우 제한적으로 검사를 받을 수는 있습니다.

제게는 꿈이 있습니다. 미국의 렉사일 지수Lexile measures와 같은 독서 시스템을 만드는 것입니다. 렉사일 지수는 미국의 교육 연구 기관 메타메트릭스MetaMetrics가 15년간 4만 4,000권의 책을 분석하여 난이도에 따라 분류해 놓은 것입니다. 미국 전역에서 1학년부터 12학년(초등학교부터 고등학교) 아이들의 교과서와 추천 도서는 렉사일 평가를 거쳐 렉사일 지수를 부여받고 있으며, 이는 독서 흥미와 능력을 높이는 데 활용되고 있습니다.

렉사일 지수는 0~2000으로 측정합니다. 검사를 통해 아이들의 렉사일 지수를 측정하고, 아이들이 75% 정도를 이해하며 읽을 수 있도록 수준에 맞는 책을 추천하는 원리죠.『해리포터와 마법사의 돌』을 예로 들어 볼게요. 이 책의 렉사일 지수는 880L입니다. 어떤 학생이 렉사일 지수 테스트를 했는데 880L이 나왔다면, 이 학생은 영문판『해리포터와 마법사의 돌』을 읽었을 때 75% 정도 이해했다고 보면 되는 겁니다.

저는 '책 읽어 주기 운동 본부'를 중심으로 기금을 모으고, 관련 연구자, 학자, 교사, 출판업계, 관련 부처 공무원 등이 참여하는 연구진을 꾸려 연구를 진행할 계획에 있습니다. 쉬운 일은 아닙니다. 하지만 뜻이 있으면 방법이 있을 것입니다. 미국의 사례를 우리나라에서 적용하도록 연구하면 조금 쉬워지지 않을까 하는 생각도 해 봅니다. 흔히 말하는 우리나라형 렉사일 지수를 만드는 것입니다.

이런 연구와 그 결과의 활용, 그리고 가정, 학교, 사회의 노력이 합쳐져 '책 읽는 국민, 책 읽는 나라'가 되면 좋겠습니다. 우리 사단법인의 캐치프레이즈는 '얘들아, 함께 읽자!'입니다. 그리고 제 캐치프레이즈는 '책 읽는 국민, 희망이 있는 나라'입니다. 누군가는 꿈을 꾸고, 언젠가는 이루어지겠죠. 꿈만 꾸는 것도 나쁘지 않고요.

책을 좋아하던 아이가 책 읽기를 게을리하는 이유는 무엇일까요?

A. 질문은 쉽지만, 대답하기 어려운 문제입니다.

책을 좋아하던 아이였다면 책 읽기를 게을리할 리 없습니다. 진짜로 좋아했다면 말입니다.

책 읽기의 중독성이나 몰입은 다른 그 어느 활동보다도 강하고 깊습니다. 미하이 칙센트미하이는 『몰입』에서 "춤과 책 읽기는 사람이 몰입에 빠지기 가장 쉬운 활동이다."라고 했습니다. 이런 특성을 가진 활동이니 '책을 좋아하던 아이였다면 책 읽기를 게을리할 리 없다'고 자신 있게 얘기할 수 있는 것입니다. 그래도 몇 가지 이유를 생각해 보겠습니다.

가장 먼저 점검해 봐야 할 것은 '스스로 책을 찾아 읽는 단계인 독서 독립 수준까지 갔는가?'라는 것입니다. 이런 단계나 수준까지 가지 못했다면 책 읽기가 흔들릴 수 있습니다. 어쩌면 진짜로 책 읽기를 좋아하는 단계까지 가지 못했다고 볼 수 있는 것입니다.

그다음 점검해 볼 수 있는 것은 학업 스트레스를 받는 건 아닌가 하는 것입니다. 사실 엄마가 압박을 주기 때문에 아이들이 스트레스를 받은 것이겠죠. 공부를 중요하게 여기면 학원에 다녀야 하는 등 시간과 열정을 많이 빼앗기기 때문에 독서를 소홀히 하는 경우가 생길 수 있습니다. 친구들과 관계가 무너진 것도 큰 영향을 줄 수 있습니다. 저학년 때보다 중학년 이상이 되면 친구들과의 관계가 복잡하고 깊어집니다. 또 이성에 대한 관심도 커집니다. 이런 것들에 의해서도 영향을 받습니다. 우리나라 아이들이 초등학교 저학년까지 책을 좀 읽는 듯하다가 학년이 올라가면서 책 읽기를 하지 않는 아이들이 대부분인 데는 이런 이유가 있습니다.

아이들은 자기가 좋아하는 것을 계속할 권리가 있습니다. 부모님의 목표에 따라 세워진 계획 때문에 좋아하는 것을 멈추게 되는 것은 비극입니다.

공부는 안 하고
책만 읽어서 걱정입니다.
어떻게 하면 좋을까요?

A. 책만 읽는 것은 좋은 공부입니다.
조급해하시면 안 됩니다.

학부모님들이 흔히 하는 걱정입니다. 아이들이 책을 좋아하고 잘 읽는 것을 기뻐하는 게 아니라 공부를 하지 않는다고 걱정을 합니다. 책을 읽는 것은 멀리 보는 공부이고, 우리가 말하는 공부는 당장 지금 학과 성적을 위한 공부인데도 말입니다.

아이들이 어릴 때 학부모님들은 걱정이 없습니다. 잘 놀고, 건강하기만 바랍니다. 가끔 책을 읽어 주기도 합니다. 하지만 아이들이 조금씩 커 가면서 슬슬 걱정거리가 늘어나기 시작합니다. 영어, 피아노도 배워야할 것 같고, 조기 교육, 선행 학습이라는 말에도 솔깃해집니다.

아이들은 책을 좋아하고 잘 읽다가도, 부모님이 이런 조급함과 불안한 마음으로 시키는 여러 가지 공부(?) 때문에 책 읽기를 소홀히 하게 되기도 합니다. 결정을 해야 합니다. 옆집 엄마들처럼 공부에 올인할 것인지, 아니면 멀리 내다보고 책 읽기를 열심히 하게 할 것인지 말입니다.

우리나라 부모님들 대부분은 책 읽기보다 공부에 시간과 노력을 더 투자하기를 바랍니다. 그러다 보면 아이는 책 읽기를 소홀히 하게 되죠. 안타까운 일입니다.

수업 시간에
책을 읽는데
어떻게 해야 하나요?

A. 읽어도 나쁘지는 않겠죠. 다만 선생님의 허락이 필요합니다.

책을 좋아하는 아이들은 시간, 장소와 관계없이 읽으려고 합니다. 이런 아이들은 독서 태도, 흥미, 능력이 매우 좋다고 할 수 있습니다. 정말 바람직한 상태입니다. 하지만 이런 행동이 수업 시간에 나타난다면 걱정이 됩니다.

수업 시간에 책을 읽도록 허락하는 권한은 선생님에게 있습니다. 그러므로 선생님과의 상담을 통해 아이의 욕구와 상황을 이야기하고, 양해와 허락을 구하는 게 좋습니다. 아이한테도 수업 시간에는 선생님과 함께 할 일을 하고 나서 시간이 남으면 책을 읽을 수 있다고 알려 줘야 합니다. 시간 개념을 알려 주는 것이 꼭 필요합니다.

저는 학교에서 선생님들에게 '아이들이 책을 읽을 수 있도록 최대한 허락해 주시는 것이 어떻겠냐?'라고 권합니다. 책을 좋아하는 아이는 수업 내용을 잘 이해할 수 있으니 수업에 방해되지 않으면 때로 허락해 주라고 말이죠.

아이들의 그런 모습은 오래가지 않습니다. 책에 빠져 지내는 이런 시기를 현명하게 지나는 것이 중요합니다.

책은 많이 읽는데 내용을 잘 이해하는지 걱정이에요. 확인하는 방법이 있을까요?

Q. 88

A. 책을 많이 읽고 있다면 책을 이해하고 받아들일 수 있다고
여겨도 됩니다.

책을 읽고 그 내용을 알고 있는지, 이해하고 있는지 확인할 수 있는
방법은 사실상 없습니다. 오직 본인만 알 수 있습니다.

이런 걱정을 하는 학부모님들은 겉 읽기에 대한 두려움이 있습니다.
아이들이 책을 읽기는 하는데 진짜 읽는지 궁금한 것입니다. 내용은 알
고나 읽는지 궁금한 것이죠.

이런 현상은 학부모님들뿐만 아니라 선생님들에게도 있습니다. 독후
활동의 한 방법이기는 하지만 독서 퀴즈, 독서 골든벨 등처럼 읽은 내용
을 얼마나 알고 있는가를 가리는 방식의 활동이 많은 것도 이런 이유입
니다.

간접적으로 짐작할 수는 있습니다. 빨리 읽는지, 늘 읽는지, 읽는 책의 수준이 높은지, 도톰한 책을 골라 읽는지 등을 살펴보면 됩니다. 빨리 읽고, 늘 읽으며, 도톰한 책을 읽는다면 독서 수준이 높다고 할 수 있습니다. 독서 수준이 높지 않다면 빨리 읽을 수도 없고, 늘 읽지도 않고, 두꺼운 책을 읽을 리도 없습니다.

책을 많이, 빨리, 늘 읽고 있다면 이해할 수 있고, 받아들일 수 있고, 즐길 수 있다고 보시면 됩니다. 일단 손에서 책을 놓지 않고 책을 읽고 있다면 마음 놓고 기다리셔도 됩니다.

스스로 읽으려 하지 않고
자꾸 읽어 달라고만 하는데,
어떻게 해야 할까요?

A. 많이 읽어 줘야, 충분히 읽어 줘야 혼자 읽을 수 있습니다.

    책을 읽어 주는 부모님들이 가장 궁금해하는 질문입니다. 도대체 '언제까지 읽어 줘야 하느냐'는 것입니다. 책을 읽어 주려면 힘이 많이 들고, 기약 없이 계속 읽어 주자니 두려움도 생기기 때문입니다.

    하지만 많이 읽어 줘야 합니다. 그냥 많이 읽어 주면 됩니다. 사실 간단한 원리입니다. 많이 읽어 주면 책을 좋아하고, 책을 좋아하고 잘 읽게 되면 직접 읽어 보고 싶어 하는 마음이 생깁니다. 직접 읽어 보고 싶어 하는 마음이 생겨야 책을 혼자서도 잘 읽게 되는 것입니다.

독서 수준을
높여 주려면
어떻게 해야 하나요?

Q. 90

A. 쉬운 책만 읽는 것은 독서 수준이 높지 않은 것입니다.
재미있는 책을 꾸준히 읽게 해 독서 능력을 키워 줘야 합니다.

독서 수준을 높이는 것, 수준 높은 독서를 하도록 이끌어 주는 일은 매우 중요합니다. 이렇게 독서 수준을 높여 주지 못하면, 아이들은 쉬운 책만 읽게 됩니다. 아직 쉬운 책밖에 읽지 못할 정도로 독서 수준이 낮다는 의미입니다.

독서 수준을 어떻게 높일 수 있을까요? 저는 우리 학교 아이들에게 이런 조언을 합니다.

"세계 기록에 가까운 무거운 중량을 드는 역도 선수들도 가벼운 무게로 연습을 하면서 서서히 기록을 올립니다. 책을 읽는 뇌도 마찬가지예요. 서서히 가볍고 얇은 책들로 시작해서 점점 두껍고 어려운 책들로 발전해야 하죠. 운동도, 책 읽는 것도 연습과 훈련이 필요해요."

그러면 아이들은 고개를 끄덕거리며 알아들었다는 표정입니다. 그 말을 듣는 아이들의 얼굴에 비장한 각오(?)가 비칩니다.

독서 수준을 높이는 왕도는 없습니다. 재미있는 책을 꾸준히 읽게 해서 어휘를 늘려 줘야 합니다. 그래야 문장을 이해하고 즐길 수 있는 능력이 커져서 어려운 책도 읽을 수 있게 되는 것입니다.

현실에 맞지 않는
그림책의 오류를
바로잡아 주어야 하나요?

A. 아이들 수준에서는 보라색이든 파란색이든
　 중요하지 않습니다.

　그림책을 읽어 주다가 간혹 현실과 맞지 않는 오류를 발견할 때가 있습니다. 예를 들면 고양이 피터의 운동화가 딸기 더미에 빠졌다가 블루베리 더미에 빠졌는데 파란색이 되었다고 나와 있었습니다. 사실은 보라색이 되어야 하는데 말입니다. 이건 오류가 분명합니다. 어쩌면 그냥 지나칠 수도 있는 내용인데 이런 경우에 그 오류를 바로잡아 주어야 하느냐는 것입니다.

　제 생각에는 그냥 지나치고 다른 것에 집중하는 것이 좋다고 생각합니다. 아이들이 먼저 물어보면 대답해 주면 됩니다. "이거 왜 파란색이야? 보라색 아냐?"라고 물으면 "아, 그러네." 또는 "아, 그렇게 보였어?"

라고 받아 주면 됩니다. 이야기를 지은 작가의 의도가 있을 수는 있으나 우리는 그것에 의미를 둘 필요는 없습니다. 파란색이면 어떻고, 보라색이면 어떤가요? 아이들은 이야기를 읽을 때 색의 조합이나 사실, 허구에 대한 구분에 의미를 두지는 않습니다. 더구나 그 책을 읽는 아이들의 수준이 보라색과 파란색을 구분하기 어렵거나 필요하지 않다면 보라색보다는 파란색이 더 잘된 표현이라고 할 수 있습니다. 이야기는 이야기로 받아들이는 게 좋습니다.

이해가 안 되는 부분을
자꾸 물어보는데,
어떻게 해야 할까요?

A. 지적인 욕구가 있다는 사실을 기뻐하시는 것이 좋습니다.

아무리 설명해 줘도 이해가 되지 않는 부분이 있을 수 있습니다. 저도 학교 다닐 때 수학 교과는 선생님이 아무리 설명해 줘도 잘 모르겠더라고요. 혹시 설명을 잘하지 못하는 것은 아닐까요?

엄마 설명과 자기 생각이 일치되기를 바라는 건 아닌지 생각해 봅니다. 자기 생각은 따로 있는데 엄마가 설명해 주는 내용과 다르기 때문에 답답해하는 것은 아닐까요? 가장 긍정적인 면은 책의 내용을 궁금해하며 알고 싶어 한다는 것입니다. 지적 욕구가 강하다고 할 수 있겠죠? 다 설명해 줄 수 있는 것은 아니니 그냥 할 수 있는 만큼만 설명해 주면 될 것 같습니다. 구체적인 모습이나 내용이면 더욱 좋을 것 같습니다.

집중하도록 하기 위해
다 읽은 후 질문을 하고
상품을 주는 방법은 어떤가요?

A. 권장하고 싶지는 않습니다. 책의 재미를 느낄 수 있도록
   이끌어 주는 것이 더 좋습니다.

『칭찬은 고래도 춤추게 한다』라는 책이 있습니다. 그 책을 비판적으로 말하는 사람들은 '칭찬을 받으려고 고래가 춤출 때 행복하겠냐?'고 묻더군요. 생각해 볼 필요가 있는 지적입니다.

책을 읽어 줄 때 질문은 어른이 하기보다는 아이들이 하는 것이 더 좋겠죠? 어른들은 이야기를 이끌어 갈 수 있을 정도의 가벼운 질문, 아이가 잘 알 수 있는 것을 확인하는 가벼운 질문이 좋습니다.

부모님들은 '책을 읽고 알아야 할 것'을 묻는 경향이 있습니다. 질문을 가장한 일종의 구술시험 같은 거 말입니다. 여기다가 질문에 답을 하면 선물을 준다면 구술시험이 확실해지는 것입니다. 시험은 교과서를 배울 때 하는 것입니다. 이야기책, 그림책을 읽어 줄 때는 필요하지 않습니다.

어떻게 하면
책을 깊이 읽는 아이로
키울 수 있나요?

A. 독서에 대한 매우 본질적인 질문입니다. 책 읽기를 좋아하고,
　 즐기면서 읽을 수 있도록 해야 합니다.

　 이 질문에 답하기 전에 '깊이 읽기', '겉 읽기', '느리게 읽기', '슬로 리
딩' 등의 용어에 집착하지 말았으면 좋겠습니다. 아이들 입장에서 보면
그냥 책 읽기, 독서입니다.

　 무엇에 빠지면 깊어질 수 있습니다. 책 읽기도 마찬가지 아닐까요?
이것이 가장 큰 원칙입니다. 그럼 어떻게 하면 책 읽기에 깊이 빠지게 될
까요?

　 왕도는 없습니다. 그래도 이야기해야 한다면 '몰입할 수 있도록 해야
한다', '몰입을 방해하지 말아야 한다'라고 이야기하고 싶습니다. 반복되
는 얘기지만 책을 좋아하게 해야 '몰입'할 수 있습니다.

역사책 읽기는
어떻게
이끌어 줘야 하나요?

**A. 흔히 역사책이라고 부르기는 하지만 아이들이 읽는
역사책은 이야기 형식으로 쓰인 책이 많습니다.**

이 질문 역시 부모님들의 걱정과 불안, 욕심에서 나온 것은 아닐까요? 제 생각에는 그렇습니다. 부모님들은 좋은 책, 필요한 책, 학습에 도움이 되는 책, 남들이 읽어야 한다고 권하는 책을 읽어야 한다고 생각하는 경향이 있습니다. 그러니 역사책, 위인전, 과학책 등을 골고루 읽어야 한다고 생각합니다. 그래서 이런 질문을 하는 것 같습니다.

전문적으로 역사를 공부하는 학자들이 읽는 책이 아닌 다음에는 아이들이 읽을 만한 역사책(역사적인 내용을 다룬 책)은 대부분 이야기 형식으로 쓰였습니다. 그냥 이야기책이라고 하는 게 맞습니다. 역사적인 사실과 내용을 소재로 쓴 이야기책일 뿐입니다. 이야기 속에 나오는 역사적인 배경이나 인물이 역사적인 내용과 관련이 있다는 뜻입니다. 따라서 아이들은 이런 책을 그냥 이야기책으로 받아들입니다.

다만 역사 인식이 생기는 시기가 있다는 사실을 기억하면 좋겠습니다. 시간의 흐름에 따라 과거에도 사람이 살았고, 그들의 삶과 문화가 있었고, 그들에 대한 기록이나 유물, 유적이 있었으며, 그들의 삶과 관련된 이야기가 존재한다는 것을 알려면 초등학교 중학년 정도는 되어야 합니다. 그러니 그 전에 역사책으로 분류되는 책을 권하는 것은 의미가 없다는 이야기가 됩니다. 아이들이 관심이 있어서 읽는 것은 말릴 필요가 없지만 '이런저런 이유로 역사책을 읽어야 하는 것 아닌가?'라는 생각에 역사책을 읽혀야 하는 것은 아니라는 점을 기억했으면 합니다.

역사책을 읽히려 하기보다는 옛날 문화에 관심을 갖도록 이끌어 주는 게 좋습니다. 유물이나 유적에 관심을 갖도록 하는 일, 마을의 옛날 모습을 살펴볼 수 있게 하는 일, 마을에 얽힌 이야기를 들려주는 일, 옛날 음식이나 옷에 대해 알아보게 하는 일 등이 모두 포함됩니다. 이런 활동을 계속하다 보면 역사에 자연스럽게 관심을 가지게 됩니다. 그런 뒤에 관련 책을 읽도록 해 주면 됩니다.

책 읽는 아이를 관찰할 때 어떤 점에 유의해야 하나요?

Q. 96

A. 책 수준, 책 읽기를 지속하는 시간, 책 읽기에 몰입하는 정도, 책 읽는 속도 등을 관찰하면 좋습니다.

부모님들은 내 아이들이 책을 잘 읽고 있는지 알고 싶어 합니다. 그러나 아쉽게도 이걸 알아낼 방법은 그리 많지 않습니다. 하지만 책 읽는 아이를 유심히 살펴보면서, 다음과 같은 내용을 관찰하는 것은 유의미합니다.

첫째, 읽고 있는 책의 수준입니다. 책의 수준이 높다면 독서 수준이 높다고 생각할 수 있습니다. 이해하지 못하고 즐길 수 없는 어려운 책을 계속 읽는 것은 불가능합니다. 수준이 있는 책을 잘 읽고 있다면 걱정할 것이 없습니다.

둘째, 책 읽기를 지속하는 시간입니다. 책을 읽는 시간이 너무 짧다면 제대로 읽을 수 없습니다. 일정 시간 동안 책 읽기가 지속되어 책 읽기에 몰입할 수 있어야 합니다. 몰입할 수 있어야 깊이 있게 읽을 수 있습니다. 몇 장 읽지 못하고 책에서 눈을 자꾸 뗀다든가 자꾸 책 뒷부분을 뒤적거리는 것은 깊이 있는 독서가 이뤄지고 있지 않다는 증거입니다.

셋째, 책 읽는 속도입니다. 책 읽는 속도가 너무 느리다면 독서 수준이 높다고 할 수 없습니다. 눈으로 책을 읽어 내는 속도가 빠르고 매끄럽다면 책을 잘 읽고 있다고 믿어도 됩니다. 빨리 읽는 게 좋다는 뜻이 아니라 빨리 읽을 수 있다면 잘 읽는 능력을 갖췄다고 볼 수 있다는 뜻입니다.

마지막으로 한 가지를 더 이야기하겠습니다. 사실 책을 읽는다는 것은 매우 복잡하고 어려운 과정을 거치며 이뤄집니다. 이런 복잡하고 어려운 과정을 이겨 내고 견디는 힘이 있어야 책을 밥 먹듯이 읽을 수 있습니다. 이 힘의 원천이 '독서 흥미'입니다. 이 '독서 흥미'는 책 읽는 것이 기쁘고 재미있을 때 생기는 힘입니다. 아이가 책 읽기를 재미있어하는지, 자주 읽는지 등을 살펴보면 좋습니다.

모르는 단어가 나오면 사전을 찾아가며 읽게 해야 하나요?

A. 아이가 사전을 찾아보고 싶어 한다면 모를까, 일부러
   사전을 찾아가며 읽게 하는 것은 바람직하지 않습니다.

아이들의 어휘력은 사전을 찾는 활동으로 확장되지 않습니다. 사전이 모르는 단어를 찾아보려고 할 때 쓸 수 있는 좋은 도구라는 것은 틀림없습니다. 하지만 책을 읽으면서 궁금한 어휘가 나올 때마다 사전을 찾아 가며 읽으라고 하는 것은 책 읽는 재미를 반감시키는 결과를 가져옵니다.

아이들의 어휘는 읽기를 반복하면서 확장됩니다. 물론 듣기도 어휘 확장에 관여하지만 읽기를 통해 확장되는 어휘의 양이 절대적으로 많습니다. 『크라센의 읽기 혁명』에서 스티븐 크라센은 "읽기는 어휘를 습득하는 최선의 방법이 아니다. 그것은 유일한 방법이다."라고 말합니다.

아이들의 어휘는 유추類推, 곧 미루어 짐작하는 과정이 반복되면서 확장됩니다. 책을 읽을 때 모르는 어휘가 나오면 앞뒤 문맥을 살펴 뜻을 짐작하며 읽어 나갑니다. 아직은 뜻은 확실히 모르지만 '아마 이런 뜻인가?'라고 궁금해하며 이해하려고 노력합니다. 그러면서 '미루어 짐작한' 어휘 뜻이 맞으면, 그 어휘는 아는 어휘가 되고 다음에 책을 읽을 때 문제없이 읽을 수 있게 됩니다. 이를 되풀이하는 과정에서 자연스럽게 어휘가 확장되어 갑니다.

독서를 할 때는 '오늘 읽은 어휘를 내일 읽을 때 쓰는 과정'을 거치게 됩니다. 이런 과정을 거쳐 어휘가 충분히 확장되면 다음에는 쉽게 책을 읽을 수 있습니다. 쉽게 책을 읽을 수 있는 능력이 생기면 책을 즐기며 읽을 수 있습니다.

책이 너무 쉽거나 어려워도 독서 흥미가 떨어질 수 있습니다. 그러므로 아이들을 위한 책을 고를 때는 적어도 70% 정도를 이해할 수 있는 어휘로 구성된 책을 골라 주는 게 좋습니다.

물론 이런 것까지 살펴서 책을 고르는 것은 쉽지 않은 일입니다. 다만 어느 정도 이런 원리를 생각하면서 책을 선택하면 된다는 말입니다. 교과서를 구성할 때도 이런 원리를 적용하는데, 나머지 30%는 노력하여 알게 하려는 것입니다.

<blockquote>
Q. 98
</blockquote>

어릴 때는 책벌레였는데, 고학년이 되니 책을 안 읽어요. 왜 그럴까요?

A. 엄마들의 착각에서 비롯된 오해입니다. 어릴 때는 뭐든 잘하는 것처럼 보입니다.

부모님 눈에 자기 자식은 뭐든 잘하는 것처럼 보입니다. 특히 어린 시절에는 더 그렇습니다. 책 읽기의 경우도 마찬가지입니다.

얇고 그림이 많은 책을 자주 읽는 모습을 보고 우리 아이는 책을 좋아한다고 착각하는 부모님들이 많습니다. 사실 틀린 말은 아닙니다. 분명 아이는 책을 좋아할 겁니다. 그런데 그런 아이들 중 대부분이 커 가면서 책을 멀리한다는 데에 문제가 있습니다.

이런 아이들은 어릴 때는 책을 좋아하려는 마음이 있었지만(독서 흥미), 그 마음이 무언가에 의해 없어져 버린 걸로 생각됩니다. 그러다 보니 책을 읽으려는 적극적인 마음(독서 태도)도 사라졌겠지요. 또는 나이가 한두 살 많아짐에 따라 읽는 책의 수준도 올라가야 하는데(독서 능력) 그러지 못했을 수도 있습니다.

아이들의 독서 흥미, 독서 태도, 독서 능력이 발달할 수 있도록 꾸준히 이끌어 주지 못한 부모님의 책임도 있을 수 있습니다. 어쩌면 부모님이 아이들의 삶의 중심에 책 읽기가 아니라, 학습을 뒀을 수도 있고요. 주변의 무수한 조언에 관심을 쏟느라, 정작 아이들의 책 읽기는 소홀하게 된 것일 수도 있습니다. 이 중 어느 한 가지에 해당할 수도 있고, 모두 해당할 수도 있습니다.

책만 펼치면
조는데
왜 그럴까요?

**A. 책만 읽으면 조는 이유는 책을 읽는 뇌가 재미있어하지
않기 때문입니다.**

책을 잘 읽는 아이들은 쉽고 빠르게 책을 읽습니다. 당연한 얘기입니다. 잘 읽으니 빠르게 읽을 수 있는 것입니다. 잘 읽는다는 것은 책 내용을 잘 이해하고 받아들일 수 있다는 뜻입니다. 그러니 책을 읽는 것이 재미있겠죠. 이럴 때 읽는 속도가 붙을 수밖에 없습니다. 그런 면에서 독서속도는 이해 속도와 흥미 속도가 합쳐진 개념입니다.

아이가 책을 얼마 읽지 않았는데 졸리다고 하거나 졸고 있다면, 책 내용을 이해하기 어렵거나 받아들일 수 없다는 뜻입니다. 재미를 느낄수 없다는 것이죠. 이해할 수 없고 재미가 없으니 뇌가 졸릴 수밖에 없습니다. 뇌는 지루한 일을 오래 하지 못하는 특성이 있습니다.

책을 읽는데 금방 잠이 쏟아진다면 독서 능력이 떨어진다고 볼 수 있습니다. 물론 잠자리에 들기 전에 책을 들었다면 잘 때가 됐기 때문에 졸릴 수 있습니다.

자기 직전에 책을 읽거나 잠들기 위해 책을 읽는 사람들도 있습니다. 책을 읽다가 잠에 들면 숙면을 취할 수 있으니까요. 특히 아이들의 경우 악몽을 피할 수 있어 잠의 질이 매우 좋아진다고 합니다. 직접 실험해 보시기 바랍니다.

초등 독서 질문 사전 99

책을 좋아하는 아이로 키우기 위한 독서 지도 매뉴얼

1판 1쇄 발행일 2023년 2월 1일

지은이 심영면
펴낸이 권준구 | **펴낸곳** (주)지학사
교정교열 강봉구 소종민 | **일러스트** 소현우
등록 1957년 3월 18일 제13-11호
주소 서울시 마포구 신촌로6길 5
전화 02.330.5272 | **팩스** 02.3141.4488
이메일 jihak@jihak.co.kr | **홈페이지** www.jihak.co.kr

ISBN 978-89-05-05498-4 04370
ISBN 978-89-05-05496-0 04370(세트)